나를 위한
최소한의
정치상식

국회 기자들이 들려주는
대한민국 국회·정치의 모든 것

나를 위한 최소한의 정치상식

양윤선 · 이소영 지음

시공사

일러두기

이 책에 나오는 당명은 초판 1쇄 발행일인 2014년 1월 23일을 기준으로 했다.

2014년 3월 26일 민주당과 새정치연합의 야권 통합신당인 새정치민주연합이 공식 출범하면서, 민주당은 새정치민주연합으로 바뀌었으며, 안철수 의원을 비롯한 일부 의원들은 무소속에서 새정치민주연합으로 소속이 바뀌었음을 밝혀둔다.

우리 정치가 좀 더 발전하기 위해

많은 우리나라 국민, 아니 모든 국민들이 정치라고 하면 고개를 내젓는다. 그런데 이런 현상은 우리나라에만 있는 것은 아니다. 외국의 경우도 마찬가지다. 유학을 위해 독일에 첫 발을 내디뎠을 때가 생각난다. '이민가방'이라는 엄청 큰 가방을 두 개씩이나 가지고 공항에서 프랑크푸르트 중앙역까지 가 기차를 탔는데, 맞은편에 앉은 독일인이 무엇 때문에 독일에 왔느냐고 물었다. 공부 때문에 왔다며 전공이 정치학이라고 답하니까, 그 사람이 엄청 크게 웃었다. 그때는 그가 왜 웃었는지 몰랐다. 그런데 이후에도 내가 전공 얘기를 하면, 그렇게 비웃는 듯한 웃음을 짓는 독일인이 한두 명이 아니었다. 그 웃음의 의미를 알게 된 것은 독일에서 1년 정도 시간을 보내고 난 뒤였다. 당시 독일 사람들은 정치를 일종의 희화의 대상으로 생각하고 있었던 것이다. 근 26년 전의 얘기다.

당시 우리나라는 독재만을 경험하고, 그래서 민주주의라는 것의 존재는 구호로만 알 수 있었던 시대였다. 이런 상황에서 독일인들이 정치를 희화화하는 것이 가슴에 와 닿지 않았다. 하지만 그때의 유학생이 교수가 될 정도로 시간이 흐른 지금, 우리나라에서도 그런 현상을 흔히 볼 수 있게 되었다. 우리나라에서도 이제 정치라면 고개를 내젓고 비꼬거나, 아니면 우스갯소리를 할 수 있는 대상이 되어버린 것이다.

그런데 이는 역설적으로 우리나라 정치가 그만큼 민주화되었다는 것을 의미하기도 한다. 왜냐하면 정치에 대한 비판이 가능한 사회에서만 정치의 희화화 현상이 나타날 수 있기 때문이다. 이런 현상은 독재정권 하에서는 상상할 수 없는 것이다. 한편 정치 혹은 정치인이 지나치게 희화화된 것은 아닌지도 따져봐야 한다. 사실 지금 국회에 있는 정치인들 하나하나는 정말 훌륭한 '스펙'을 갖고 있다. 그리고 그들 하나하나는 진짜 똑똑한 경우가 대부분이다. 그런데 이들이 모이면 바보처럼 보인다. 아니 국민들이 정치인들을 바보 취급한다는 것이 옳은 표현일 것이다. 하지만 이는 정치에 대한 염증이 지나쳐서, 현상을 제대로 보지 못하게 된 결과라는 생각이 든다. 이제 정치를 과하게 비하하거나 그들을 무조건 색안경을 끼고 보는 '사회적 현상'을 고칠 때가 됐다. 그래야만 우리의 정치가 좀 더 발전할 것이기 때문이다.

이 책이 바로 그런 부분에 기여할 수 있을 것이다. 이 책은 국회를 가장 가까운 곳에서 관찰하는 것을 '직업'으로 갖고 있는 사람들이 쓴 것이다. 그래서 일반인들이 생각하는 것보다 훨씬 객관적으로 정치라는 현상을 파악해서 쓴 책이라고 할 수 있다. 더구나 이 책은 두 명의 여기자가 쓴 책으로 더욱 섬세하게 정치라는 현상을 바라봤다고 할 수 있다. 여성과 남성은 기본적으로 크게 차이가 나지 않는 것은 분명하지만, 여성이 남성보다 섬세한 경우가 많은 것은 사실이기 때문이다. 바로 그런 이유에서 이 책은 아주 특별하다. 이 책이 우리나라 국민들이 정치를 정확히 바라보고 파악하는 데, 많은 기여를 할 수 있기를 바란다.

끝으로 여러분들은 이 책을 읽으면서 많은 편견을 고치기를 바란다. 그래서 정치에서 진짜 잘못된 점을 '콕' 집어낼 수 있게 되기를 바란다. 그렇게 되면 이 책은 제 역할을 다하는 셈이 될 것이다. 어쨌든 늦게나마 이런 책을 볼 수 있게 돼, 정치학을 공부하고 가르치고 있으며 평론을 하는 사람의 입장에서 정말 다행이라는 생각이 든다. 끝으로 젊고 당돌한 여기자들이 이런 책을 쓴 것이 정말 대견스럽고, 정말 수고했다고 말하고 싶다.

– 신율, 명지대학교 정치외교학과 교수

정치라는 드라마를 보는 법

내가 국회를 출입한 지도 어언 15년이 지났다. 그곳에는 속된 말로 최소한 논두렁 정기라도 받고 태어난 300명의 선출된 권력이 있고, 전략이 있고 정략이 있으며, 대의명분과 음험한 음모가 있다. 말의 성찬이 펼쳐지지만 육탄돌격도 있다. 한마디로 인간사의 가장 드라마틱한 장면이 하루에도 수십 번씩 펼쳐지는 곳이다. 정치인들은 드라마의 주인공이 되고 싶어 하고, 기자들은 그 드라마를 가까이 보고 싶어서 출입하고자 한다. 그런데 이 드라마는 겉보기와는 달리 꽤 어렵다. 연출자의 의도를 알지 못하면 배우들의 연기가 무슨 뜻인지 알지도 못하고 넘어가는 경우가 허다하다.

문제는 기자는 이 드라마를 혼자 즐기기만 해서는 안 된다는 것이다. 다른 사람에게 전달해야 하고, 때로는 이 장면이 무슨 뜻을 함축하고 있는지 해설도 해줘야 한다. 잘못 해설했다간 실력 없다고 바로 지적을 당한다. 이 바닥에선 인생도처유상수人生到處有上手라는 말이 매 순간 확인되기 때문이다.

국회방송의 두 여기자가 인간사의 가장 드라마틱한 장면을 보는 법을 책으로 냈다. 15년 전 내가 국회를 출입하면서 터득했던 내 나름의 방법을 훨씬 뛰어넘는다. 이 책은 국회라는 드라마의 본질과 원형을 이해할 수 있게 하는 안내서이자 이를 훨씬 재미있게 볼 수 있도록 하는 방법론서다. 그러나 단순한 안내서에 그치는 것이 아니라, 이 책 자체가 국회를 흥미롭게 그려낸 또 한 편의 드라마이기도 하다. 그래서 재미있고 유익하다. 젊은 여성들 특유의 감각과 세밀한 묘사가 읽는 재미를 더해준다. 출입기자 시절 내가 미처 알지 못했던 것을 새롭게 알아가는 유익함도 있다.

나는 국회를 볼 때마다 건물의 우스꽝스러운 모양새부터 확 뜯어고치고 싶다. 최소한 돔만이라도 미국 국회의사당의 돔처럼 좀 멋지게 갈아 치우고 싶다. 나의 이런 생각에 동의하지 않을 사람도 숱할 것이다. 하지만 박수를 치는 사람도 많다.

모든 책은, 특히 나름의 해석과 시각이 들어간 책은 그렇게 평가받는다. 그렇지만 비판을 받는다고 그런 생각이 가치가 떨어지는 것은 아니다. 국회를 보는 방법은 여러 가지가 있다. 국회에 대해 거부감이 많은 사람들은 이 책에 대해 거북함을 느낄 수 있겠지만, 그럴수록 오히려 이 책을 권하고 싶다. 우리는 우리가 뽑고, 알토란 같은 세금을 내서 활동비까지 주는 사람들을 왜 맨날 욕하고 있는지 궁금하지 않는가?

책을 내기 위해 부지런히 취재하고 다녔을, 그리고 이를 나름의 감각으로 해석해낸 두 여기자의 노력과 그 결과물에 박수와 찬사를 보낸다.

- 황상무, KBS 보도국 사회1부장

차 례

1 국회, 대한민국 정치의 시작

2 국회 들여다보기

3 국회방송 기자로 사는 법

정치의 목적은 행복한 삶을 실현하는 것이다.

-아리스토텔레스

정치의 발견

대학교 4학년 시절, 스펙을 쌓겠다고 국회 문을 두드렸던 때가 생각난다. 한 야당 의원의 입법보조원으로서 당시 헌법재판소장 인사청문회의 자료 조사가 내 임무였다. 국회 본관부터 의원회관, 도서관, 의정관까지 지하로 모두 연결되는 통로를 보며 또래들은 모르는 비밀을 알게 된 것 같아 설레었고, 언론으로만 접했던 국회의원들을 직접 본 순간에는 마치 연예인을 보는 듯 신기해했다. 보좌진들이 좁디좁은 방에서 다닥다닥 붙은 책상을 두고 밤을 잊은 채 일에 열중하는 모습과 기자들이 노트북을 경쾌하게 두드리는 모습까지, 나는 이 모든 것이 새롭고 재미있었다. 입법보조원 출입증을 반납하고 국회 잔디밭을 가로지르면서, 훗날 '기자'로서 이곳을 다시 찾겠다는 꿈을 가졌던 것도 기억난다.

그런데 정말 기자가 되어 정부 부처를 돌던 생활을 끝내고, 처음 국회로 출근하던 날. 다시 국회를 밟을 생각에 설레던 마음은 온데간데없고, 걱정과 불안이 나를 잠식했다. '내가 정치에 대해 과연 무엇을 알고 있나.' 내 또래 젊은이들처럼 나에게도 정치는 대학 입학과 입사를 위한 시험과목일 뿐이었다. '정치 9단들이 모인 대한민국 국회에서, 아버지 혹은 할아버지뻘 되는 국회의원들을 마주보고 제대로 취재할 수 있을까.'

이렇게 자격미달이란 겸손한 반성 뒤에 나에게 주어진 취재는 '토론회'였다. 난 그때 처음 알았다. 국회는 용광로라는 것을. 하나의 법안에는 많은 이해관계가 얽혀 있으며, 그런 상반된 입장을 조율하고 타협해 법안을 올바른 방향으로 만들기 위해 노력하는 곳이 국회였다. 이를 위해 국회에서는 일평균 네댓 건 이상의 토론회가 열리고, 또 그것을 준비하는 사람들은 우리가 그렇게도 비난해왔던 국회의원이었다. 국회의원들은 선거 때만 반짝 바쁘면 되는 사람인 줄 알았는데, 아침 7시 반 조찬모임을 시작으로 이어지는 각종 회의와 토론회 주최, 지역구 행사까지, 살인적인 스케줄을 소화하는 그들의 모습을 보며 절로 고개가 숙여졌다.

그렇다. 우리는 정치를 쉽게 욕했다. 우리는 권력의 추악한 뒷모습과 사회의 잘못된 구조, 자기 이익과 표만 생각하는 정치인들 탓에 우리 세대가 힘들다고 생각했다. 언론에 비춰지는 정치인들은 싸움질만 하거나 그들만의 논리를 앞세워 세 대결만 했다. 그래서일까. 우리는 정말 정치를 쉽게 욕했다. 정치인은 선거 때만 볼 수 있는 사람, 서민은 안중에도 없는 사람이라는 편견에 쉽게 기댔다.

그래서 우리는 이 책을 쓰기로 했다. 또 다른 우리가 갖고 있는 편견의 벽을 허물고 싶었다. 알고 보면 정치도 재미있는 것이고, 생각처럼 쉽게 욕할 수만은 없는 거라고 얘기하고 싶었다. 우리는 언론을 통해 접하는 정치를 좀 더 정확하게 이해할 수 있는 시각을 공유하고 싶었고, 머나먼 이야기로 치부하기에는 정치가 우리 삶과 매우 밀접한 관련이 있다는 것을 말하고 싶었다.

이 책은 우리가 학창시절 공부했던 '정치' 교과서도, 참고서도 아니다. 거창한 이론이 있거나, 학자들의 고견을 풀어놓은 책도 아니다. 극단으로 치닫는 이념도 과격한 선동도 없다. 20대 중반에 국회생활을 시작해 어느덧 30대가 된 여기자들의 정치, 국회 안내서라고 봐주면 좋겠다. 그 속에는 현장에서 정치를 바라보고 고민한 당신 또래 친구들의 모습도 투영되어 있다.

우리 모두는 시위의 현장으로 달려갈 수도 있고, 연말정산에서 소득공제 혜택을 위해 정치 후원금을 낼 수도 있으며, 술 한잔을 기울이며 정치인을 욕할 수도, 청년 국회의원으로 국회에 입성할 수도 있다. 누구나 정치의 땔감이 될 수 있고, 좋은 정치를 기대할 수 있다는 의미다. 우리가 관찰한 것들을 나눠서 당신이 정치에 대한

희망과 냉정한 비판의 시각을 갖게 된다면, 아니 무엇보다 정치에 조그마한 관심을 갖게 된다면 그것으로 만족한다. 이 책을 덮을 때쯤에는 당신이 편견의 벽을 부수고 당신 자신의 행복한 삶을 위해 정치를 이야기하길 바란다.

1부

국회,
대한민국
정치의 시작

01 국회가 하는 일

"여러분, 국회가 뭐하는 곳이죠?" 국회를 견학하러 온 아이들에게 유치원 선생님이 묻는다. "법 만드는 곳이요"라고 답하는 똘똘한 아이가 있는가 하면, "싸우는 데요"라며 유치원생답지 않게 시니컬한 답변을 날리는 아이도 있다.

그럼 유치원생도 아는 국회가 하는 일을 왜 짚고 넘어가자는 거냐고? 우리도 신입생, 신입사원일 때의 생각과, 연차가 쌓여 알 거 다 알고 속된 말로 머리가 좀 커지고 나서의 생각과 행동이 다르지 않나. 바로 우리가 국회가 하는 일부터 따져봐야 하는 이유다.

대한민국 국회는 어떤 일을 할까

입법부. 일반적으로 의회라고 하는데, 의회의 본래 임무가 입법이니 입법부라고 부르고 있다. 우리나라에서는 이를 국회라고 부른다. 국회는 국민 대표기관으로서의 지위, 입법기관으로서의 지위, 국정 통제기관으로서의 지위, 그리고 국가 최고기관으로서의 지위를 가진다.

제일 중요한 일은 뭐니 뭐니 해도 법을 만들고 고치는 일이다. 머나먼 일처럼 들릴지도 모르나, 직장인이라면 누구나 공감할 만한 예를 들어보자. 연말정산 소득공제제도는 법이 어떻게 바뀌느냐에 따라 카드를 많이 쓰는 게 이득일지, 현금을 많이 쓰는 게 이득일지 달라진다. 내 집 마련도 마찬가지다. 언제 집을 사야 할지도 법부터 따져봐야 한다. 아이를 낳아 기르느라 직장을 그만둔 엄마들이 재취업하려고 할 때 가산점을 주도록 하는 '엄마 가산점제'와, 현역 만기제대자가 공기업 등의 채용시험에 응시했을 때 가산점을 주는 '군 가산점제'의 도입도 국회에서 결정된다. 모든 국민을 경악하게 만든 성폭행 관련 기사들이 하루가 멀다 하고 터져 나올 때, 화학적 거세와 전자발찌 등의 조치를 취하는 법을 만드는 곳도 국회다.

행정부가 제대로 일을 하고 있는지 감시하는 것도 국회의 몫이다. 국회는 매년 행정부의 나라 살림 전반을 감시하는 국정감사를 하고 필요한 경우에는 국정조사를 한다. 나라 살림에 쓸 돈을 미리 계획해놓은 예산을 검토하고 이 예산을 바르게 썼는지도 따져본다. 이렇게 국정을 감시하다 일반적인 사법절차에 따라 징계하기가 곤란한 정부의 고위직 공무원, 즉 대통령이나 장관, 법관 등에 대한 탄핵소추권도 갖고 있다. 정부 정책도 국회의 동의가 있어야만 시행이 가능하다. 이를테면 외국에 군대를 파견하거나 외국과의 중요한 약속을 할 때에는, 국민의 대표인 국회의 동의를 꼭 받아야 한다. 이 밖에도 국회는 정부에 대한 통제를 위해 국무총리 임명동의권, 국무총리·국무위원의 국회출석요구 및 질문권, 국무총리·국무위원에 대한 해임건의권, 긴급명령과 긴급재정·경제처분 및 명령 승인권, 계엄해제요구권, 국방 및 외교정책에 대한 동의권, 일반사면에 대한 동의권 등을 가진다.

국민의 대표, 국회의원

이렇게 법을 만들고 행정부를 감시하는 사람이 바로 국회의원이다. 4년을 임기로 해, 우리는 국회의원 총선을 4년에 한 번씩 치른다. 회의장에서 국회의원들이 국무위원들에게 호통칠 때 주로 하는 말이 있는데, "국민을 대표하는 본 의원을 무시하는 것은 국민을 무시하는 겁니다"이다.

부정하고 싶겠지만 맞는 말이다. 국회의원은 국민의 대표다. 우리는 전국을 인구와 행정 구역 등을 기준으로 총 246개 선거구로 나눠 각각의 지역구를 대표하는 의원을 한 명씩 뽑았다. 그런데 총선에서 두 표를 행사했다고? 자신의 지역구를 대표하는 지역구 의원 한 명에 비례대표 의원 한 명을 뽑은 것이다. 비례대표는 정당에 투표하는 것인데, 각각의 정당은 선거 전에 비례대표 의원 순번을 1번부터 수십 번대까지 정해두고 총선에서 얻은 득표율에 따라 비례대표 의원의 숫자가 배분된다. 비례대표 의원은 소속된 지역 없이 전국을 대상으로 자신의 전문 분야를 대표하는 의원으로 전국구 의원이라고도 부른다. 비례대표 의원의 수는 54명. 합해서 모두 300명의 국회의원이 국회를 구성하고 있다.

19대 국회에서 비례대표로 국회에 입성한 민주당 김광진 의원. 200대 1에 달하는 높은 경쟁률을 뚫고 청년비례대표 선발제도에서 우승한 특이한 이력의 국회의원으로 나이는 불과 서른 넷, 81년생이다. 최초로 실시된 제도였기에 정치권은 물론 기자들도 '이렇게도 국회의원이 되는구나!' 싶은 생각에 어안이 벙벙했다. 김 의원은 최초, 최연소라는 타이틀이 부담스럽지 않느냐는 물음에 "누군가의 길잡이가 될 수 있다면 기꺼이 감당해야 할 부담"이라고 답했다. 그리고 5,000만 국민의 대표치고는 300이라는 수가 너무 적다고 말했다. 다양한 분야의 전문가들이 국회로 입성한다 한들 국민 개개인의 권리를 모두 보장할 수 없기 때문에, 주부 대표, 샐러리맨 대표 등 비례대표도 다양해야 한다고 덧붙였다.

국민정서는 물론 정치권 안팎에서도 국회 의석수를 줄이자는 이야기가 오가고 있는 터라 이 젊은 의원의 도발적인 주장이 신선하게 다가왔다. 그렇다. 우리는 그동안 국회의원은 할 일 없이 자리만 차지하고 세금을 축내는 부류로 치부해왔다. 그런데 정작 내 지역의 억울한 일을 해결해줄 지역구 국회의원이 없어진다면, 내 또래의 고민을 들어줄 비례대표 국회의원이 없어진다고 생각하면, 의석수를 줄이는 데 선뜻 동의할 사람은 많지 않을 것이다.

국회의원의 대표, 국회의장

국회의원을 대표하는 사람은 국회의장이다. 입법부 수장인 국회의장은 대통령, 대법원장과 함께 삼부요인 중 한 사람이다. 다수당인 정당의 의원이 국회의장을 맡게 되는데, 의장은 회기 중 의사를 정리하고 질서를 유지하며 국회 사무를 감독한다. 그런데 언론에 비춰진 국회의장의 모습은 대부분 악역이다. 여야가 상임위원회에서 합의하지 못한 법안을 본회의에서 국회의장이 직권상정으로 의사봉을 땅땅땅 세 번 치며 끝내버리는 모습이 익숙하기 때문이다. 하지만 이 직권상정 또한 국회의장의 권한이다. 이렇게 여야 사이를 중재하고 법률안에 대해 최종 의결권을 가진 사람이 국회의장이다.

국회부의장은 두 명으로 여당과 야당에서 각각 한 명씩 선출된다. 임기는 2년으로, 전반기 국회에서 국회의장이 한 명, 후반기 국회에서 한 명이 나온다. 한편 국회의 사무를 처리하기 위하여 국회에 사무처를 두는데, 국회사무처에는 사무총장 한 명과 기타 필요한 공무원을 둔다. 사무총장은 국회의 사무를 총괄하고 소속 공무원을 지휘, 감독한다.

국가 기능이 확대되면서 국회의 기능도 광범위한 영역에 걸치게 되었는데, 원활한 의안 심의를 위해 상임위원회를 두고 있다. 예를 들어 국회의원들이 법안을 만들어 국회에 제출하면, 법안을 분류해 소속 상임위로 보내는데, 상임위 안의 소수의 의원들로 구성된 소위원회 차원에서 먼저 논의하고 상임위 차원에서 처리한다. 그리고 이 법의 형식이 적합하고 법령용어가 정확한지를 심사하는 법제사법위원회에서 다듬고 나면 본회의에서 의원들이 최종 처리하게 된다.

나 대신 싸워주는 용병, 국회의원

"나는 헌법을 준수하고 국민의 자유와 복리의 증진 및 조국의 평화적 통일을 위하여 노력하며, 국가 이익을 우선으로 하여 국회의원의 직무를 양심에 따라 성실히 수행할 것을 국민 앞에 엄숙히 선서합니다!" 국회의원은 선거에서 당선되고 나면 본회의장에서 손을 들고 이같이 선서를 한다.

그러나 역시 초심은 지속될 수 없는 건가 보다. 우리가 기억하는 국회의원이란 사람은 해머로 회의실을 부수지를 않나, 본회의장에서 최루탄을 터뜨리지를 않나, 동료 의원의 얼굴을 가격해 코피를 터뜨리는가 하면, 공중부양을 하기도 한다. '대체 왜 이렇게 싸울까' '싸우라고 뽑아줬나? 일하라고 뽑아줬지!'라는 마음이 들지도 모르겠다. 그러나 우리가 간과하는 게 있다. 우리가 그들을 나 대신 싸워줄 '용병'으로 국회에 보냈다는 사실이다. 물론, 폭력을 행사하라고 하진 않았지만.

여야가 지독하게 싸웠던 한미 FTA를 예로 들어보자. 자동차 회사에 다니는 우리 아버지는 한미 FTA를 찬성할 것이고, 의사인 우리 오빠는 반대할 것이다. 시골에서 농사지으시는 고모네도 당연히 반대할 거고. 나는 기업들이 해외에서 유턴하고 수출이 증가되어 일자리가 늘어난다고 하니 찬성해야 할 것 같고, 계산이 복잡해진다. 한 집안에서도 다양한 의견이 존재하는 이런 일은 현실적으로 직접 민주주의가 불가능하니 내가 뽑은 사람이 나 대신 싸워주는 것이다.

국회의원은 지역과 직능을 대변한다. 모든 사람이 링에 올라갈 수는 없다. 대표 선수를 올려 대신 싸우게 하는 이유다. 우리는 코치가 되어 선수를 지도하면 된다. 국회가 없는 사회를 생각해보자. 세금을 걷어 도로를 만들고, 다리를 놓는 건 정부이지만 전국 지역 모두의 요구를 다 들어줄 수는 없다. 정부가 각종 이익단체들과 기업들의 이익을 대변하더라도 바로잡을 길이 없다. 만인의 만인에 대한 투쟁 상태, 전국적인 혼돈 상태가 될 수도 있다. 결국 국회의원은 사회 갈등 분출을 조절해주는 완충장치다. 이는 입법권, 예산권 같은 교과서에 나올 법한 존재 의무보다 더 중요한 의무로도 볼 수 있다.

국회의원 하기 쉽지 않은 세상

국회의원은 하루가 부족할 정도로 할 일이 많다. 실제로 타 부처에 출입하다 국회에 출입하게 된 기자들을 만나면 공통적으로 하는 이야기가 '국회의원은 싸움하고 노는 줄만 알았는데, 왜 이렇게 바쁘냐'는 거였다. 한 초선 의원은 '의원이 되기 전에 일반 국민 입장에서 봤을 땐 (국회의원이) 매일 놀면서 보좌진이 쓴 거 읽기나 하는 줄 알았는데 3D 업종이더라'라고 고백했다. 7시 반 조찬모임을 시작으로 소속 당의 의원총회 등 모임에 참석하고, 상임위에 가서는 법안을 심사하고, 지역 민원 해결하랴, 법안 만들랴, 거기에 정부 감시도 해야 하고…. 늘 긴장하고 집중해야 한다. 연세 많으신 분들의 체력이 놀라울 따름이다.

정치인이란 시켜준다고 다 할 수 있는 게 아니다. 5,000만 명을 300명이 대표한다. 경쟁률이 16만 대 1이다. 의지가 있다고 할 수 있는 것도 아니다. 국민이 나를 대표해달라고 뽑아서 국회에 보낸 사람이니, 다른 집단에 비해 우수한 자질과 능력, 도덕성을 갖춘 사람들이 많은 것이 사실이다.

우리는 그동안 국회에 대한 부정적 프레임만을 가지고 그들을 가

뒤버리는 데 급급해 대의정치의 존재 자체를 부정해온 것은 아닐까. 비판거리는 많지만, 국회와 국회의원에게 한 번 더 기회를 줘보면 어떨까.

02 제헌절은 무슨 날?

제헌절? 제헌절이 무슨 날이냐는 질문을 받으면 나도 모르게 머뭇거리게 된다. 광복절은 일제 강점기에서 해방되어 대한민국 정부 수립을 경축하는 날이고, 현충일은 호국영령과 순국선열의 정신을 추모하는 날인데, 제헌절은 무슨 날이지? 7월 17일 제헌절은 처음 헌법이 제정 공포된 것을 기념하는 날이지만, 그 의미조차 제대로 모르는 것은 비단 나뿐일까.

법은 국회에서 만드는 것이라고 정치 교과서에서 배웠는데, 그렇다면 처음 헌법을 만들고 정한 것은 누가, 언제 한 일일까? 달력을 아무리 뒤져봐도 제헌절 외의 특별한 기념일은 찾아볼 수 없다. 궁금증을 풀기 위해 〈국회보〉를 토대로 제헌 역사를 되짚어봤다.

국회 개원부터 헌법 제정, 정부 수립까지

어버이날, 스승의 날…. 감사의 달 5월. 그 가운데 국회와 관련된 기념일이 이틀 있다. 5월 10일은 유권자의 날이고, 5월 31일은 국회 개원 기념일이다. 10일 유권자의 날은 우리나라에서 처음 실시된 선거를 기리기 위해 지난 2012년 제정한 날이고, 31일은 이 선거에서 뽑힌 제헌국회의원 198인이 첫 회의를 연 날이다. 제헌국회는 200명 정원이었지만, 4·3사건으로 제주도 선거 결과가 무효로 되면서 두 자리가 빈 채 출발하게 되었다.

1948년 5·10총선 당시 선출된 제헌의원들은 언제, 어디서 첫 회의를 열며 회의 진행은 어떻게 해야 할 것인지를 두고 혼란에 빠졌다. 선례를 삼을 만한 규정도 없고, 모두 새로 길을 내야 할 형편이었기 때문이다. 당시 당선자 신분이었던 제헌의원들은 미군정 당국자들과 협의 끝에 제헌국회 개원일자를 5월 31일로 정하게 된다.

1948년 5월 31일 월요일 오전 10시 20분, 제헌국회는 중앙청에서 당선자 198인 전원이 참석한 가운데 '제1회 국회 제1차 본회의'를 연다. 첫 회의에서 국회의장 한 명과 부의장 한 명을 뽑는 선거도 진행되었다. 그런데 이때 "의장 한 분과 부의장 한 분이라고 했는데 부의장 한 분으로는 부족한 것 같습니다"라는 이정래 의원의 발언으로 곧

바로 거수 표결을 통해 부의장을 두 명 뽑기로 결정했다. 이것이 현재까지 이어져오고 있는 부의장 2인 체제의 출발이 된 것이다. 이어서 국회의장선거가 실시됐는데 이승만 의원이 188표로 압도적인 지지를 얻어 초대 국회의장에 당선됐다. 곧바로 신익희, 김동원 부의장이 선출되었다.

식민지배에서 벗어나 자유민주주의 뿌리를 내린 제헌국회 2년. 많은 사람들이 제헌국회를 1대 국회, 또는 초대국회라고 하지 않고 '제헌국회'라 부르는 데는 제헌制憲(헌법을 만들어 정함)이라는 뜻깊은 의미가 있기 때문일 것이다.

5월 31일 개원 이후 국회는 곧바로 헌법 제정과 정부 수립을 향해 속도를 냈다. 7월 20일, 제헌국회는 대통령과 부통령을 선출해 건국의 골격을 세운다. 이날 회의에는 196명의 의원이 참석해, 180표로 이승만 대통령, 133표로 이시영 부통령을 선출했다.

제헌국회와 함께한 국회 의사과

대한민국 정부 출범보다도 3개월가량 먼저 문을 열고 정부 수립의 토대를 마련한 국회. 65년이 넘는 국회의 나이는 오롯이 역사가 되어 있다.

국회의사당 본관 7층에 자리한 국회사무처 의사국 의사과. 국회 본회의 운영을 총괄하고 지원하는 부서이다. 그런데 의미 있는 것은 이

의사과가 1948년 5월 31일 제헌국회 개원 때부터 현재까지 65년간 부서 명칭이 바뀌거나 통폐합된 적 없이 그대로 유지되어 왔다는 것이다. 실제로 이곳을 찾아가면 '의사과Parliamentary Proceedings Division'라는 간판과 함께 그 아래에 '대한민국 국가기관 최초의 과'라는 푯말이 붙어 있다. 제헌국회 당시 국회사무처는 총무국, 의사국, 법제부로 구성됐지만, 의사국 의사과를 제외하고 모두 명칭과 조직이 개편됐다. 제헌국회에서 대한민국 정부 수립과 관련된 법률이 통과된 이후 정부 부처들이 탄생했으니 국회 의사국 의사과는 현존하는 국가기관 부서 중 가장 오래된 역사를 지니고 있다.

개원 6일 만에 전란에 휩싸인 2대 국회

제헌국회의 배턴을 이어받은 2대 국회는 어떤 의미를 가질까. 제헌국회가 미군정이 만든 국회의원 선거법에 따라 실시된 선거였다면, 2대 국회는 제헌국회가 만든 선거법에 의해 탄생한 독립국가로서의 사실상 첫 국회이다. 그리고 제헌국회가 임기 2년의 임시적인 성격을 가졌다면, 2대 국회는 4년 임기와 함께 그동안 축적된 국회 운영 경험을 바탕으로 본격적인 체제를 갖춘 국회다.

1950년 6월 19일, 2대 국회는 원 구성을 위한 첫 집회를 열고 국회의장에 신익희 의원, 부의장에 장택상·조봉암 의원을 선출한다. 그러나 6일 만에 6·25전란에 휩싸이면서 피난길에 오르는 비극을 맞는다.

6·25전쟁이 일어난 다음 날인 6월 26일 새벽, 비상연락을 받고 국회에 모인 의원들은 긴급회의에 들어간다. 대통령을 비롯한 모든 국무위원들이 출석한 가운데 사태 수습을 논의했지만, 정부 당국자조차 사태 파악을 제대로 하지 못해 구체적인 대책을 세우지도 못하고 산회하게 된다.

다음 날, 국회는 국방부 장관과 참모총장을 출석시킨 가운데 다시 회의를 열고 사태 진상을 보고받은 후 대책을 추궁했지만 여기서도 명확한 답변은 듣지 못했다. 다급해진 국회는 원세훈 의원의 긴급동의로 이른바 '수도 사수 결의안'부터 만장일치로 의결했다. 그러나 '수도 사수'를 결의한 지 한 시간도 못 되어 행정부는 수원으로 옮겨가게 되고, 국회 역시 각 의원들에게 통보할 여유도 없이 남하하게 된다. 납치와 행방불명으로 국회 의사 진행이 어렵게 되자 1950년 12월 21일에는 '국회의원재적수에관한특별조치법'을 제정해 정원을 210명에서 27명을 뺀 183명으로 정하기도 했는데, 이는 피난국회의 실상을 보여주는 단적인 예다.

전시국회의 이면을 보여주는 것이 또 있다. 바로 총기휴대허가증과 군복착용허가증이다. 총기휴대허가증은 한국전쟁 중이던 1951년 이상돈(제헌, 5, 6대) 전 의원에게 내무부 장관이 발급한 것으로 되어 있다. 총기류는 영국제 32구경 권총이며 증서의 앞면에는 '타인에게 대여하거나 양도할 수 없다'고 명시되어 있어, 총기 휴대는 당시 전현직 국회의원들이 갖는 하나의 '특권'이었던 것 같다. 또 군복착용허가증은 헌병사령관이 발행한 것으로 전시 중 군복을 입을 수 있도록 허가한다고 되어 있다. 일부 의원들은 군복 차림에 권총을 차고 다니며 이 차림으로 국회 회의에 참석하기도 했다.

법률안이 정부에 이송되기까지

"법률안이 통과됐습니다. 땅땅땅." 국회의장의 우렁찬 선언으로 국회 본회의를 최종 통과한 법률안이 국민의 삶에 직접적인 효력을 발휘하기 위해서는 의안 정리를 거친 뒤 정부로 이송돼 대통령 공포라는 단계를 거쳐야 한다. 정부로 이송되기까지, 국회만의 특별한 의식이 있다는 것을 알고 있는가?

정진석 국회사무총장은 법의 존엄성을 환기시키고 입법권의 중요성을 다시 한 번 되새기기 위해 마지막 의안 정리 작업에 가장 큰 공을 들인다고 말한다. 그리고 국민의 뜻을 담은 소중한 법률안인 만큼 존엄하고 품격 있게 다룬다고 의미를 부여했다.

국회 본회의를 통과한 법률안이 정부로 이송되기까지 과정은 이렇다. 먼저 국회사무처 의안과는 본회의 통과 법률안의 오류나 오·탈자 등을 최종 점검하는 의안 정리를 실시하는데, 이때 의안과가 실시하는 의안 정리는 녹색 글씨로 수정돼 녹서라고 불리며, 주서로 불리는 빨간색 글씨의 법제사법위원회 자구심사 수정과 구분된다. 이렇게 점검된 법률안은 국회의장의 최종 결재를 받은 후 '대한민국 국회'라는 금박 표식이 박힌 이송 가방에 담겨 의안과 직원이 직접 정부로 이송한다. 이때 법률안은 법안이 나가는 문이란 의미를 지낸 '안출문案出門'을 통과하게 된다. 이 안출문은 의안과 사무실에 있다. 흥미로운 것은 의안과에는 법률안을 접수받는 안입문도 따로 있어, 법률안 탄생의 시작과 끝은 국회 의안과에서 이뤄진다고 볼 수 있다. 안출문을 나온 법률안은 국회의사당 정현관의 중앙문을 거쳐 국회 관용차를 이용해 정부로 이송된 뒤 대통령 공포를 통해 최종 효력이 발휘된다.

손끝 하나로 언제 어디서든 내 집 보일러도 마음대로 조절하는 스마트 시대다. 요즘 대부분의 국가기관 공문서가 전자문서라는 이름의 디지털 시스템을 통해 실시간으로 전송되는 것과 달리 본회의를 통과한 법안은 아직까지 사람이 문서를 들고 정부로 보낸다고 하니, 이게 무슨 구닥다리 방식인가 싶다. 국회는 지난 2005년 본회의 표결 방식까지 전자 버튼식으로 바꿨지만, 법안 이송 방식만큼은 이처럼 철저한 아날로그 방식을 유지하고 있다. 이는 국회 개원 후 65년이 넘도록 이어져온 하나의 전통이자 의식이다.

제헌국회 이래 이렇게 다양한 삼라만상의 추억을 지닌 국회가 지난 2013년 10월, 어느새 5만 번째 의안을 접수했다. 대한민국 국회 제1호 의안은 '국회 구성과 국회 준칙에 관한 결의안'이었다. 당시 제1호 법률안인 '국회법안' 등 주요 의안은 국회에 원본 그대로 보존돼 있다.

역대 국회의 의안 접수 건수를 보면 제헌국회에서 512건, 2대 국회

1,183건이 접수된 이래 민주화가 진전된 13대 국회부터 의안 접수 건수가 지속적으로 늘어나는 추세를 보이고 있다. 의안 중에는 법률안이 대부분을 차지하고 결의안, 동의안, 승인안 등이 포함돼 있다.

여의도 정치 시대가 개막하기까지

한편 국회의사당의 변천사에서도 아픈 역사를 엿볼 수 있는데, 1975년 황량한 여의도 벌판에 마치 그리스의 파르테논 신전을 연상케 하는 장엄한 건물이 문을 열기 전까지 사용된 건물만 해도 10여 곳이 넘는다. 먼저 제헌국회가 첫 발을 디딘 중앙청(옛 조선총독부 건물)에서 제헌국회 2년을 보냈다. 이후 사용된 대구 문화극장, 부산 문화극장, 부산극장, 경남도청 무덕전 등 4곳은 소재지가 지방인 데다가, 건물도 극장이나 체육관이어서 다소 생소한 감이 있다. 이 낯선 의사당들은 전란에 휩싸인 2대 국회가 급박하게 피난길에 오르며 잠깐씩 사용했던 임시의사당들이다. 그 후 휴전이 되자 국회는 시민회관별관에 자리를 잡게 되는데, 이 건물은 7대 국회 때까지 20여 년간 사용하게 된다. 이때가 바로 '태평로 시대'다.

하지만 제헌국회 때부터 회의장이 좁고 시설도 미비해 불편을 겪던 국회는 국회의 권능에 부합하는 의사당을 신축하는 것을 하나의 숙원사업처럼 여겨왔다. 1959년 4대 국회 때는 서울 남산에 의사당 건립 부지를 선정하고 설계와 정지작업에 착수하고, 5대 국회 말까지 공사가 계속됐었는데 5·16 군사쿠데타로 중단됐다. 이렇게 무산된 의사당 건립은 집권한 박정희 대통령 재임 기간 중 장소를 달리해 여의도에 터를 잡게 됐다. 서울 사직공원, 종묘, 신문로의 서울고 부지와 필동의 수도방위사령부 등 10여 곳이 후보지였다고 한다. 1968년 여의도 양말산(현 의원동산) 일대 10만여 평으로 부지가 확정됐는데 당시로서는 대단히 넓은 터였다. 남북통일에 대비해 의원회관과 도서관 등 기타 부속 건물을 수요에 따라 단계별로 계속 늘려갈 수 있게 고려한 것이라고 한다.

1975년 준공 당시 의사당 건설비는 135억 원이었는데, 이 금액은 당시 한해 예산 1조 3,000억 원의 1퍼센트를 차지할 정도였다. 먹고 살기 힘들던 시절, 건물 짓는 데 이런 예산을 돌리다니…. 그래서 의사당을 짓는 것은 하나의 건물을 완성한다는 의미를 넘어 전 국민적 관심사였다. 민의의 전당을 제대로, 그리고 순수한 우리의 기술과 힘으로 완성해보자는 국민적 여망도 있었던 것이다. 이는 정부로서도 경제개발이 성공을 거두면서 '하면 된다'는 성공 신화를 잇는 하나의 상징물이기도 했다. 시공은 당시 건설업계의 쌍벽을 이루었던 현대건설과 대림산업이 맡았다. 의사당 준공 후 중동(서아시아) 건설 붐이 일어났을 때 현대건설과 대림산업은 중동의 바이어들이 시공 능력을 의심하면 국회의사당을 보여주면서 건설 능력을 과시하기도 했다는 후문이다. 이렇게 알고 보면 제헌절, 국회의사당의 의미도 남다르지 않은가.

03 숫자로 알아보는 국회, 국회 기네스북

광복 이후 65년이라는 세월을 지내면서 삼라만상을 겪은 국회. 결코 짧지 않은 역사만큼이나 그 사이 기구한 사연도 많았다. '최초' '최고' '최다' '최소'라는 수식어로 기록되어 있는 국회의 별별 사건들을 모아본다.

국회 몸싸움의 역사는?

'대한민국 국회' 하면 가장 먼저 떠오르는 이미지가 어른들의 멱살잡이일 것이다. 국민들이 넌더리 난다고 혀를 찰 정도면 이런 부끄러운 이미지가 최근 몇 년 사이에 굳어진 것은 아닐 터. 국회 몸싸움의 역사는 한국전쟁 중인 1952년 2대 국회로 거슬러 올라간다. 당시 국회가 내각책임제 개헌을 논의하자 이승만 정부는 비상계엄령을 선포하고 발췌개헌안을 통과시켰는데, 이때 여야 의원들의 난투극과 의장석 점거가 벌어졌다. 온갖 욕설 속에 물컵과 재떨이, 명패, 서류뭉치 등이 허공을 가르며 활극이 난무했다고 기록은 전하고 있다.

최초의 국회 투척 사건은 김두한 의원 똥물 사건

최근 국회에서 일어난 가장 큰 사건 사고는 2011년, 최루액 살포였다. 새누리당의 전신인 당시 한나라당이 한미 FTA 비준안을 표결처리하려고 하자 민주노동당 김선동 의원이 자신의 윗옷 속에 미리 준비해온 최루액을 살포한 사건이었다. 본회의장 최루액 사건은 사상 초유의 일이다. 그런데 본회의장에서 이물질을 살포한 역사가 사실은 과거에도 있다.

1966년, 한독당 김두한 의원이 삼성그룹의 계열사인 한국비료공업이 사카린 약 55톤을 건설자재로 꾸며 들여와 판매하려다 들통이 난 사건과 관련해 국회에서 대정부질문을 하던 중, 정일권 국무총리를 비롯한 장관들에게 똥물을 투척했다. 우리나라 국회는 물론, 세계 어느 국회에서도 전무후무한 '국회의원의 의사당 내 오물 투척 사건'으로 김두한 의원은 의원직이 박탈되고 구속됐다. 당시 김두한 의원은 "내가 던진 오물은 정 내각 국무위원 개인에게 던진 게 아니라 헌정을 중단하고 밀수 사건을 비호하는 제3공화국 정권에 던진 것"이라고 주장했다. 그는 그 오물 또한 "순국선열의 얼이 서린 파고다공원 공중변소에 전날 밤, 담을 넘어 들어가 퍼온 것"이라고 의미를 부여했다.

무노동 무임금 제헌국회

국회의원의 억대 연봉에 세간의 관심이 높다. 대부분의 국민들은 "하는 일이 뭐 있다고 그런 돈을 받느냐?"고 묻는다. 2012년, 19대 국회 개원 첫 달에는 새누리당이 무노동 무임금 원칙을 적용해 국회가 공전한 만큼 한 달 치 세비를 받지 않겠다고 반납한 적이 있다.

그런데 일 안 한 국회의원이 세비를 받지 않은 일은 제헌국회 때부터 있었다. 제헌국회 의원들은 상임위에 출석하지 않으면 일급(당시 500원)을 받지 못했다. 직무 수당은 상임위에 출석한 일수에 따라 지급한다는 항목 때문이었다. 당시 의원들은 일급 외에 세비로 연 36만 원을 받았다. 당시 쌀 한 가마니 가격이 1만 원이었다. 의원들은 국회에 출석하면 세비 외에 거마비 1,000원도 받았다.

회의장에서 담배 피우던 시절

7대 국회까지 회의장은 담배 연기로 자욱했다. 당시에는 회의장에서 설렁탕을 시켜 먹기도 했다. 지금으로서는 상상도 할 수 없는 일이다. 담배라는 것 자체가 과거에는 기생충약으로 사용되기도 했으니, 흡연이 하나의 풍습이었던 당시에는 자연스러운 광경이었는지도 모른다. 하지만 회의장 내 흡연은 유신 체제이던 1973년 '능률적이고 생산적인 국회 운영을 도모한다'는 이유로 금지됐다. 재떨이도 함께 퇴출됐다. 이와 함께 회의장에서 신문이나 잡지를 보는 것도 금지됐다. 야당 의원들이 의사진행을 방해하기 위해 발언대에서 신문과 잡지를 장시간 읽었기 때문이다.

최장 발언 시간은 10시간 5분

국회 본회의에서 의원들의 발언 시간은 보통 10여 분. 국회는 대정부질문에서 의원들의 질의 시간만 15분, 국무의원의 답변까지 포함해서는 30분, 교섭단체 대표 연설은 15분으로 두고 있다. 상임위원회에서 의원들의 질의 시간은 5분 내지 7분이다. 그런데 국회사무처 속기록에 따르면 1969년 8월 29일, 당시 박한상 의원이 3선 개헌 법안 통과를 막기 위해 10시간 5분 동안 발언한 일이 있다. 그는 밤 11시 10분 국회 법사위에서 마이크를 잡았는데, 다음 날 아침

9시 10분까지 장장 10시간 동안이나 발언했다. 박 전 의원은 전날부터 식사 조절을 하면서 국을 먹지 않았다고 한다. 화장실도 참으면서 발언을 이어가기 위해서다. 그의 발언 중에 속기사는 60여 명이 동원됐고, 공화당 의원들은 회의장에서 잠을 잤다. 이는 헌정 사상 본회의 발언 최장 기록으로 남아 있다.

고 김대중 전 대통령도 1964년 4월 20일, 동료 의원의 구속을 막기 위해 5시간 19분 동안 연설했다고 한다. 당시 그가 6대 국회의원, 초선 의원이었을 때의 일이다. 당시 국회법 60조 1항을 보면 '위원은 위원회에서 동일 의제에 대하여 회수 및 시간 등에 제한 없이 발언할 수 있다'고 되어 있다. 그러니까 야당이 마음먹고 표결 직전에 의사진행발언을 신청해 회기를 넘길 때까지 마이크를 붙잡고 놓지 않으면 법안을 자동 폐기시킬 수 있었던 것이다. 그렇다면 김 전 대통령은 당시 5시간 19분 내내 연설했을까? 아니다. 중간에 잠깐 화장실에 다녀왔다. 그러나 발언 기회는 유효하다. 화장실 다녀오는 것을 빌미로 연설을 끊을 수도 없다. 자칫 법을 어기는 것이 될 수 있기 때문이다.

반면 역사상 가장 짧은 발언은 3대 하을춘 전 의원의 '4자 발언'. 그는 본회의의 건설법안 심의 때 등단, "건설법안…" 하며 서두를 꺼내던 중 의장이 일괄 통과를 선포하는 바람에 하단했다. 하을춘 전 의원의 이 발언은 1초밖에 걸리지 않았는데 이 역시 좀처럼 깨기 어려운 기록이다.

26세 국회의원 탄생

세계 최연소 국회의원은 독일의 안나 뤼어만이다. 1983년생으로 열아홉 살이던 2002년 녹색당, 비례대표로 독일 연방의회 의원에 당선됐다. 그녀는 국회의원이 된 다음에야 대학에 입학했다. 우리나라의 최연소 국회의원 기록은 김영삼 전 대통령이 갖고 있다. 그는 1954년 3대 국회의원 선거에서 자유당 공천으로 거제에 출마해 당선됐다. 당시 나이 26세. 5대 국회, 전휴상 국회의원도 26세에 당선됐지만 전 의원은 생일이 두 달 빨라 최연소 타이틀은 김 전 대통령에게 돌아갔다.

반대로 최고령 국회의원은 1992년 14대 총선에서 85세의 나이로 당선된 통일국민당 문창모 전 의원이다. 의사였던 그는 5대와 6대 총선에 출마했다가 낙선하고 이후 29년 만인 14대 때에 당선됐다. 당시 세계 최고령 의원으로 기네스북에 오르기도 했다.

1949년, 첫 여성 국회의원 당선

한국 정치사는 철저히 남성 위주다. 그도 그럴 것이 지금까지의 기록들 모두 남성 의원들이 세운 것이기 때문이다. 그렇다면 여성 의원들이 세운 기록은 무엇이 있을까. 헌정 사상 첫 여성 국회의원은 1949년 치러진 경북 안동 보궐선거에서 탄생했다. 바로 고 임영신

전 상공부 장관이다.

최초의 여성 장애인 국회의원은 장향숙 전 의원이다. 장 전 의원은 지난 17대 총선에서 열린우리당 비례대표 1번을 받아 국회의원이 됐다.

국회의원 최단·최장 임기

역대 가장 오랜 기간 국회의원직을 유지한 의원은 9선의 김영삼 전 대통령, 김종필 전 국무총리, 박준규 전 국회의장 이렇게 세 명이다. 특히 박준규 전 국회의장은 8대에 보궐선거에서 한 차례 당선된 것을 포함해 9번을 선거구민의 직접선거에 의해 당선됐기에 더욱 값진 기록이다. 이들은 1948년 제헌국회 때부터 이어진 한국 정치 역사 65년 중 3분의 2 이상을 정계 중심에 몸을 담는 대기록을 세웠다.

최단 임기 기록을 세운 국회의원은 고 김대중 전 대통령이다. 김 전 대통령은 지난 1961년 강원도 인제 보궐선거에서 처음으로 민의원에 당선됐지만 3일 만에 임기를 끝냈다. 당선 3일 만에 5·16군사정변이 일어나면서 국회가 해산된 탓이다. 기록에는 1961년 5월 13일부터 16일까지 3일간 재임한 것으로 되어 있다. 그러나 14일 오전에 당선이 선포되고 16일 오전에 국회가 해산됐기에 사실상 재임 기간은 이틀로 더 짧다.

단 3표 차로 결정된 당락

같은 대학에 입학했다 해도 학생들의 수능점수는 제각각이다. 마찬가지로 같은 대에 국회에 입성했어도 의원들의 득표수는 천차만별이다. 역대 가장 많은 표를 얻은 지역구 국회의원은 지난 1985년에 나왔다. 12대 국회의원 총선거 때 서울 강동에서 당선된 고 김동규 전 의원이다. 그는 22만 7,598표를 얻었다. 김 전 의원의 표가 얼마나 많은지는 가장 적은 표로 국회에 입성한 의원과 비교하면 단번에 알 수 있다. 5대 국회의원인 고 손치호 전 의원은 단 1,058표로 당선됐던 것이다.

가장 근소한 표차로 당락을 결정지은 역사도 있다. 16대 경기 광주에서 박혁규 의원은 1만 6,675표로 당선됐다. 상대인 문학진 후보는 단 세 표가 모자란 1만 6,672표를 얻어 아쉬운 고배를 마셔야 했다. 역대 총선 최소 표차로 낙선한 문 후보는 이후 '문세표'로 불리기도 했다.

연예인 국회의원 시대 개막

10대 국회의원 선거가 치러진 1978년, 서울 도봉구에서는 무소속으로 출마한 홍성우 후보가 모두의 예상을 뒤엎고 당선됐다. 최초의 탤런트 출신 국회의원이다. 홍 전 의원의 국회 입성을 계기로 연예인들의 본격적인 정치 입문은 1988년, 13대에서부터 시작된다. 영화배우 최무룡을 시작으로 이후 14대 국회에서는 제일 많은 배우들이 국회로 등원했다. 코미디언 이주일, 배우 이순재, 최불암, 강부자가 바로 그들이다. 이후 신영균, 정한용, 신성일, 김을동, 최종원으로 브라운관 스타 출신 국회의원의 계보가 이어지고 있다.

국회에서 꽃핀 사랑

1974년 10월 12일 국회 본회의, 유신정우회 서영희 의원이 질문을 위해 등단하려 할 때였다. 정일권 국회의장이 세 번째였던 서 전 의원의 질문 순서를 두 번째로 앞당긴 일로 신민당 의석에서는 항의가 빗발쳤다. 이때 공화당 김제원 의원이 신민당 의석을 향해 "시끄러워! 누가 의장인지 모르겠네"라고 고함을 쳤다. 서영희 의원은 남편 김제원 의원의 이런 외조에 힘입어 긴장감 돌던 장내 분위기를 누그러뜨린 뒤 무사히 질문을 마칠 수 있었다. 이들은 1973년 3월 9대 국회의원에 같이 당선된 후 그해 8월 "국가관의 일치가 마음에 들었다"며 결혼했다. 최초의 부부 국회의원이다. 이후 17대 총선에서는 최규성, 이경숙 부부가 나란히 등원했다.

부부 사이에 지역구를 물려주는 일도 있다. 박철언 전 의원이 14대 때 의원직을 상실하자 부인 현경자 씨가 남편 지역구에서 보선에 출마해 당선된 것이다. 19대 총선에서는 고 김근태 전 의원의 지역구인 서울 도봉갑에 아내인 인재근 씨가 당선되어 고인의 뜻을 이었다.

대를 이은 금배지

아버지와 두 아들, 3부자가 의원을 역임한 기록도 있다. 제헌국회부터 내리 5선을 지낸 이재학 전 의원과 교선, 응선 형제를 비롯해, 3, 4대 민의원을 지낸 조병옥 의원의 두 아들 윤형, 순형 형제, 그리고 아버지 김대중 전 대통령과 홍일, 홍업 형제, 아버지 김동석 전 의원과 윤환, 태환 형제가 그들이다.

첫 부자 의원의 영예는 제헌국회의 아버지 서정희 전 의원과 2대의 아들 서범석 의원에게 돌아갔다. 이밖에 정주영, 정몽준 부자 등 19대 국회까지 대를 이은 국회의원은 11명에 이른다. 무려 3대째 국회의원 계보를 이어오고 있는 집안도 있다. 초선인 정호준 의원은 8선의 할아버지 정일형 전 외무장관과 5선의 아버지 정대철 의원에 이어 3대째 국회의원직을 이어오고 있다.

형제간에 의원을 많이 배출하기로는 전남 담양의 김씨 3형제가 독보적이다. 2대 때 만형 김홍용 전 의원이 먼저 국회에 입성해 터를 닦은 뒤, 보궐선거에서 동생 김문용 전 의원이 당선돼 남은 임기를 계승했고, 막내 김성용 전 의원은 6대에 야당의 전국구 후보로 당선됐다.

4번 구속 4번 무죄, 불사조 인생

국회의원 임기 중 4번 구속됐다 4번 풀려난 진기록도 있다. 주인공은 무소속 박주선 의원. 1999년 옷로비 사건 때 청와대 법무비서관으로서 사직동팀 내사 보고서를 유출한 혐의로 구속되었지만, 법원에서 무죄가 선고되었다. 다음 해인 2000년, 나라종금 사건 때 역시 구속됐다가 무죄 판결을 받았다. 2004년에는 현대건설 비자금 사건으로 징역형을 선고받았으나 파기환송심에서 무죄 판결을 받았고, 2012년에는 사조직을 동원해 모바일 선거인단을 모집한 혐의로 1심에선 징역 2년을 선고받았다가 파기환송심에서 벌금 80만원을 선고받아 다시 부활했다.

4번 구속, 4번 무죄라는 국내 사법 사상 초유의 기록이다. 이 때문에 그에게는 '불사조' '오뚝이 인생'이라는 별명도 붙게 됐다. 그는 1974년 16회 사법시험에 수석 합격한 뒤 서울지검 특수부장과 대검 중수부 수사기획관 등 검찰 내 요직을 두루 거쳤고, 김대중 정부 들어 검찰총장감으로 꼽힐 만큼 전도가 유망했던 인물이었다.

04 당신의 투표 기준은?

선거 때마다 주변 사람에게 쉽게 들을 수 있는 말이 '뽑을 사람이 없어 투표장에 가는 것 자체가 스트레스'라는 말이다. 그런데 투표 전날, 막연한 기대감에 설레본 적이 있나? 투표날이 쉬는 날이라 데이트할 생각에 설레었을 수도 있고, 직장인이라면 출근하지 않는다는 이유만으로도 신이 났을 수도 있다. 그러나 민주시민이라면 선거가 끝난 후 나의 선택으로 뭔가 기분 좋은 변화가 생길 거란 기대감이 있었을 것이다. 그렇다면 당신의 투표 기준은 무엇인가?

흔히 선거는 경마에 비유된다. 입후보를 뜻하는 '출마', 후보직에서 중도에 탈락하는 것을 의미하는 '낙마', 뜻밖의 변수로 작용할 수 있는 유력한 후보는 '다크호스', 1위 후보에 맞서는 '대항마' 등의 용어도 경마에서 비롯됐다. 판세 위주의 선거 보도를 '경마 저널리즘'이라고 하는 것도 경마와 선거의 유사성을 보여준다. 공통점도 많다. 대표적으로 선거와 경마는 승부가 기록이 아닌 순위로 결정되고, 비교적 단시간에 판가름 난다. 또 추리와 분석이 가능하며, 승자독식이다. 경마꾼에게 경마의 목적은 우승마를 찍어 돈을 따는 것이고, 유권자가 투표를 통해 얻고자 하는 것은 정치적 결정에 자신의 이해관계를 반영하는 것이다. 잘 뛸 것 같은 '말'을 선택하는 것이 경마인 것처럼 나의 처지와 이익을 대변해줄 '후보'를 뽑는 게 투표인 것이다.

당칠인삼

투표를 할 때 당을 보고 찍느냐, 인물을 보고 찍느냐 하는 것은 오랜 논쟁거리였다. 정당들도 유불리에 따라 '힘 있는 집권여당을 뽑아라' 혹은 '대여(몸집 큰 여당)를 견제해야 한다'며 정당투표를 주문하기도 하고, 인물의 신선함, 경륜, 스타성을 앞세워 인물투표를 해야 한다고 목소리를 높이기도 한다. 경마에서 기수가 아무리 출중해도 말이 시원치 않으면 우승이 어렵다. 운칠기삼에 빗대 마칠인삼馬七人三이라고 하는데, 말이 뛰는 데는 말 본래의 능력이 7할, 말을 모는 기수의 능력이 3할을 차지한다는 뜻이다.

선거에서는 후보가 아무리 뛰어나도 속한 당이 유권자의 외면을 받으면 당선되기 어렵다. 선거는 정당들이 문제 해결을 위한 대안을 내놓고 경쟁하는 과정이다. 문제가 해결되기 위해선 법을 고치거나 정책을 만들고 예산도 투입해야 한다. 따라서 어떤 문제가 절박하다고 생각하는 유권자라면 투표할 때 후보보다 정당의 입장을 선택 기준으로 삼는 게 효율적이라고 봐야 한다. 국회의원 한 사람이 할 수 있는 일은 거의 없다. 또 정당이라는 레일이 깔리지 않은 곳에서 후보라는 기관차가 할 수 있는 일은 거의 없다. 그래서 정치에서는 '당칠인삼', 당이 70퍼센트, 인물이 30퍼센트라고 하는 것이다.

그런데 복지니 경제민주화니 정당들마다 외치고 있으니, 어느 정당의 것이 내가 찾는 것이고, 어느 당의 의지가 더 강한지 판단하기가 어렵다. 알아보고 뽑겠다고 두툼한 선거공보물을 손에 들고 있자니 머리에 쥐가 날 지경이다. 이런 사람들에게 자신이 가장 중요하게 생각하는 분야, 사안에 대해 각 정당이 취하는 태도를 선택 기준으로 삼을 것을 권한다. 부동산 정책, 대학 등록금 문제, 대북 관계와 외교 안보 분야에 대한 것까지, 어느 부분을 포인트로 잡아도 상관없다. 내가 중요하게 생각하는 사안에 대해 어느 정당이 하는 소리가 옳은지 보고 그 정당이 속한 후보를 선택하는 것이다.

인터넷 '후보 선택 도우미' 서비스를 이용해볼 것도 권하고 싶다. 비슷비슷한 공약들 사이에서 각 정당의 공약이 확연하게 갈리는 주요 쟁점들에 대해 유권자가 의견을 밝히면, 그의 정책 성향에 적합

한 후보를 알려주는 게 이 서비스의 매력이다. 경제정의실천시민연합(경실련)은 '정당 선택 도우미'를 운영하고 있는데, 쟁점에 대해 찬성, 반대, 중립, 모름, 4개의 답변 중에서 고를 수 있도록 해 갈팡질팡하는 유권자들의 선택지를 넓혔다. 유권자가 더 중요하게 생각하는 질문에 대해선 가중치도 둘 수 있어 마우스 클릭 몇 번만으로 후보자의 정책 차이를 한 번씩 훑어볼 수 있다.

포퓰리즘의 그늘

국회방송과 MOU를 체결한 대학교 학생들이 여름방학을 이용해 인턴으로 왔을 때 이렇게 물어보았다. "본인 지역의 국회의원이 누군지 아나요?" 나는 대학생 시절, 우리 지역구 의원이 누구인지 몰랐던 것 같은데, 그들의 대답 역시 "모른다"였다. 한 학생은 자랑스럽게 정답을 내놓았는데, 그 의원은 언론을 통해 너무나 잘 알려진 그야말로 스타 의원이었다. 이번엔 좋아하는 국회의원이 있는지 물어봤다. 학생들은 앞서 질문에서 모른다고 답했던 것이 머쓱해서였는지, 다들 답변을 내놓았는데, 역시나 '전 국민이 알 법한 스타 의원' 혹은 '언론인 출신으로 국회에 입성한 국회의원'이 대부분이었다.

국회의원 선거라는 게 어찌 보면 인기투표 같기도 하다. 내가 나를 대변할 인물로 뽑는 사람이니, 여러 후보들 중에서 마음에 드는 구석이 있는 사람을 뽑는 것이지만, 우리는 선거가 인기투표는 아니라는 점을 잘 알고 있다.

'포퓰리즘'이라는 말을 들어봤을 것이다. 표를 위해서, 대중적 인기를 감안해 내놓는 선심성 공약의 문제점으로 지적하는 포퓰리즘은 그야말로 달콤해서, 우리가 그 공약이 꼭 현실화됐으면 하고 바라는 만큼 속기도 쉽다. 2004년 17대 총선에서 노무현 전 대통령 탄핵 역풍에 힘입어 금배지를 달았던 열린우리당 '탄돌이' 의원이 있었다면, 2008년 18대 총선에서는 뉴타운 광풍에 올라탄 '타운돌이' 의원들이 있었다. 이들은 낡은 집을 새집으로 바꾸고 싶은 지역민의 열망에 호소하기 위해 서울시장과 사진을 찍고 너도나도 뉴타운을 유치하겠다고 약속했다. 그러나 대부분의 공약은 실천되지 못했고, 약속이 지켜졌다 하더라도 새집은 뉴타운을 지지한 서민들의 것은 아니었다.

이명박 전 대통령의 공약이었던 동남권 신공항이 백지화된 것도 공약이 공약으로 끝난 대표적 사례다. 선심성 공약이 부른 지역갈등과 이로 인한 막대한 사회적 비용은 고스란히 국민의 몫이었으며, 대통령에 대한 신뢰는 바닥에 떨어졌고, 국정 동력은 크게 훼손됐다. 동남권 신공항, 뉴타운 공약의 비극은 역설적으로 향후 선거에서 우리의 적이 달콤하지만 위험한 유혹 '포퓰리즘'이 돼야 함을 말하고 있다.

공약 뒤에 숨은 진정성을 봐야

2007년 17대 대선에 나왔던 허경영 후보를 기억하는가? 인터넷에선 일명 허본좌로 유명한 그는 가수이기도 하지만 정치인이었다. 그가 내건 공약을 한번 보자. 결혼 시 남녀에게 1억 원 지급, 아기 출산 시 명당 3,000만 원 지급, 고등학교는 물론 대학교 등록금 폐지, 60세 이상 노인에게 매달 70만 원 지급으로 노후 불안 해소…. 실현될 수만 있다면야, 누가 이런 공약을 마다하겠나.

그런데 문제는 2012년 18대 대선 후보들도 허경영 후보를 흉내 냈다는 사실이다. 어느 후보는 대학 반값등록금을 내걸었는데, 이미 허경영 후보가 대학 등록금 폐지 공약을 내걸었던 걸 기억하면 반쯤 흉내 낸 것이라 할 수 있다. 실제로도 가능한 일일까? 국내 대학은 400여 곳. 부실 재정으로 사라지는 학교 또한 많다. 그런데 이런 대학들에 등록금을 반씩 지원해준다면, 대학과 대학생들은 더 늘어날 것이다. 반값등록금 시대, 이젠 등록금도 쿠팡시대다.

어디 18대 대선 후보들뿐이겠나. 어느 선거에서든 각 정당은 복지정책을 확대하겠다고 말했다. 그러나 후보들의 복지정책은 재원 조달 방법을 구체화하지 않은 진정성 없는 공약이었다. 누구나 복지는 좋지만 세금 내는 것은 싫지 않나. 복지공약으로 현혹시킨 뒤, 복지를 위해 세금을 더 거두어 가겠다고 하면 누가 좋아하겠나. 실현 가능성이 없는 공약公約은 그야말로 지켜지지 않을 공약空約에 불과하다. 공약 뒤에 숨은 진정성까지 평가해야 한다니, 확실히 투표가 쉬운 것은 아니다.

최선이 없다면 차선, 차차선을 선택

젊은 세대 중에는 투표일을 앞두고도 '뽑고 싶은 사람이 없어 나는 투표하지 않겠다'고 말하는 사람이 많다. 찍을 사람이 없더라도 투표는 해야 한다. '내 한 표가 뭘 바꾸겠나'라는 안이한 생각에 우리의 미래를 맡기는 것은 너무 위험하다.

어떤 정치인은 '정치가 보험'이라고 말했다. 미래를 위해 미리 들어놓는 보험. 투표 행위는 위험요소에 대비하고 미래 안전자산의 가치를 담보하기 위한 보험료라는 것이다. 그러면서 되물었다. 어떻게 보험료를 내지 않고 보험의 혜택을 원하느냐고. 투표는 최선이 없다면 차선, 차차선, 차악, 차차악을 선택하는 것이다. 막연한 정치 불신을 앞세워 투표를 포기했다 치자. 나의 이익과 반하는 후보가 당선돼 예산을 쓰고 정책을 추진한다면 내 생활이 얼마나 팍팍해지겠나.

결국 정치 불신의 악순환이 계속될 수밖에 없는 것이다. 이럴 바에야 적극적으로 투표를 해서 의사표시를 하는 편이 낫다. 그렇게 불량 후보를 솎아내다 보면 정치도 점진적으로 발전하지 않을까.

05 국회, 정부, 기업을 둘러싼 갑을관계

사회생활을 시작하고 나면 흔히 어른이 된다고 한다. 곰곰이 곱씹어보면, 부모님 품안에서 평생 갑일 줄만 알았던 내가 돈을 벌면서 을의 위치에 서게 되고, 그에 따라 적절한 처신을 요구받게 되기 때문이 아닌가 싶다. 평생의 갑도 을도 없고 세상은 돌고 도는 거라지만, 국회에는 명확한 갑을관계가 존재한다. 물론 국회의 갑은 국회의원이다.

영원한 을, 정부

국회의 일차적 소명이 행정부 감시인 바, 국회의원의 일차적 을은 공무원들일 수밖에 없다. 예산권을 쥐락펴락할 수 있는 힘도 국회에 있기 때문에 공무원들은 국회 문턱이 닳도록 드나든다. 여당과는 주요 정책마다 당정협의를 거쳐야 하고, 야당과는 정부 입법 법안과 예산안을 통과시키기 위해 설명과 토론을 해야 한다.

국정감사 시즌은 국회의원의 '정부공무원 군기잡기' 시즌이다. 국회에 출근한 지 얼마 되지 않아 해외유학파에 놀라운 스펙으로 나를 기죽게 만들었던 엄친아를 국회 상임위 회의장에서 맞닥뜨린 일이 있었다. 어쩐 일이냐, 잘 지내느냐 인사를 하고 얘기를 들어보니 그 놀라운 스펙으로 신의 직장 중 하나인 금융권 공사에 입사했다고 한다. 그러나 이어진 한마디, "야, 내가 열심히 공부해서 입사하긴 했는데, 뭐하는 짓인가 싶어"였다. "왜, 높은 분들 모시고 온 거 보니 회사에서도 잘나가는 모양이구만, 배부른 소리 하기는." 핀잔을 주고 나니 그는 이렇게 말했다. "내가 국회 회의실 앞에 신문지 깔고 앉아서 멍 때리려고 공부한 건 아니지 않냐. 회의감이 든다."

이뿐인가, 국회의원들의 자료 요청은 끝이 없다. 모 부처가 한 의원에게 각종 요청 서류를 1.5톤 트럭 한 대에 꽉 채워 전달했다는 이야기는 전설처럼 전해지고 있다. 가끔 상임위 회의가 파행을 빚을 때도 그 이유를 자세히 들여다보면, 피감기관과 의원실 간의 자료 제출 문제가 갈등을 빚는 경우가 많다.

법을 만들 수 있는 권한을 국회로 제한한 미국이나 영국과 달리, 우리나라 헌법은 이를 정부 부처에도 주고 있다. 현장에서 문제점

회의장 앞 정부 부처 공무원들의 모습

상임위 회의장

을 파악하고 고치고, 각 이해 당사자들의 입장 조율까지 끝내 법안을 만든다는 점에서 정부 발의 입법의 장점이 있다. 그런데도 정부는 국회의원을 통한 입법의 끈을 버리지 못하고 있다. 이런 법을 청부 입법이라며 깎아 내리기도 하는데, 그런데도 사라지지 않는 이유는 말 그대로 누이 좋고 매부 좋기 때문이다. 정부 입장에서는 의원 입법을 통하면 토론회와 공청회 등으로 예산을 쓰지 않아 좋고, 의원 입법으로 법안이 빨리 통과될 수 있다는 이점이 있다. 의원 입장에선 발의 건수도 올리고, 법안을 발의해주는 대신 지역구 민원을 정부 부처에 자연스레 부탁할 수도 있다.

이에 대해 행정부를 견제해야 할 입법부의 독립성이 훼손될 수 있다는 우려가 있지만 돈과 정보가 모두 행정부에 있는 현실에서는 국회의원들이 의존할 수밖에 없다는 말도 들린다. 한 보좌관은 정부 부처 공무원은 100만 명이고 국회의원은 한 명당 보좌진이 9명에 불과해 이는 당연한 측면이 있다면서, 행정부에서 제의를 해오면 적극 검토할 수밖에 없다고 볼멘소리를 했다.

하을下乙, 기업

보통 회사원들은 자사 동료들과 식사할 기회가 많지만, 기자들은 타사 사람들과 식사하는 일이 더 많다. 기자에게는 식사자리 역시 취재의 연장이기 때문이다. 어느 날, 나는 한 선배의 부름에 따라나섰다. 나온 사람은 모 대기업의 과장님. 속으로 '이 선배는 내가 밥도 못 먹고 다니는 줄 아나? 내가 밥 얻어먹고 싶어서 안달난 사람도 아니고' 이렇게 생각했다. 건수를 기대한 나는 선배가 이상하기만 했던 것이다. 그 대기업 과장님은 타사 선배 기자의 학교 선배였고, 우연히 국회에서 재회했다고 했다. 그가 맡은 일은 대관 업무. 난 그날 모르고 있었던 신세계를 본 느낌이었다.

주요 기업들은 국회와 정부를 상대로 회사와 업계의 입장을 설명하는 대관 조직, 혹은 대관 업무자를 두고 있는데, 국회가 기업과 관련한 입법과 행정 절차를 진행할 경우 진행 상황과 경위를 파악하는 것은 물론 기업의 입장을 정부나 국회 측에 전달하는 게 이들의 주된 업무다. 이 모 대기업 과장님은 주로 기사화되지 않은 날것의 조각 정보 하나라도 얻어내, 조금이라도 빨리 회사에 보고해야 한다고 말했다. 그렇다면 기업들은 왜 국회에 인력까지 파견하며, 정보 수집과 입장 설명에 공을 들이고 있을까. 법안 하나로 수천억이 왔다 갔다 하는가 하면, 법조문 하나가 어떻게 바뀌느냐에 따라서 기업의 운명이 바뀔 수도 있기 때문이다. 때문에 기업들은 국회의원과 보좌관에게 현장의 목소리를 제대로 전달해 법안에 반영되게 하려고 안간힘을 쓰고 있다.

이들 기업들은 회사 상황에 따라 관심 분야도 다르다. 대기업의 경우 일감 몰아주기와 관련한 공정거래법 개정안의 향배에 관심을 가지고 있고, 강성 노조가 있는 기업은 통상임금 문제와 정리해고

요건강화 등 노사 간 이해관계가 크게 엇갈리는 법안들에 대해 촉각을 곤두세우고 있다. 통신사들은 주파수 할당 문제 등을 놓고 자사의 논리와 명분을 전달하기 위해 사활을 걸고 있고, 생명·증권·카드 등 비은행 금융계열사를 가진 대기업은 금융계열사 대주주 적격성 강화 법안에도 안테나를 세우고 있다.

상황이 이렇다 보니, 기업 대관 업무자들은 상대적으로 정보 접근이 용이한 기자들에게 관련 정보를 물으면서, 기자들과의 관계에서까지 을의 위치에 놓이게 된 듯했다. 보좌관들과의 경우도 마찬가지다. 대관 담당자들은 자신들의 회사와 관련된 법안이 어떻게 논의되고 있는지 알아보기 위해 귀동냥하려 애쓰고 있었다. 새로운 풍경도 펼쳐졌다. 여의도 국회 사람들이 많이 모이는 이탈리안 레스토랑에서 한 보좌관을 오랜만에 만났다. 그가 자리를 옮겼다며 건네준 명함은 한 외국계 제약회사. 어떻게 이곳으로 옮기셨느냐고 물으니, 웃으며 대관 업무를 하고 있다고 답한다. 어제의 보좌관이 이제는 기업의 대관 업무자가 되어 똑같이 여의도로 출근하고 자신의 동료였던 보좌관들과 식사를 하고 있었다.

기업의 보좌관 스카우트는 이제 새로운 트렌드가 됐다. 국회의원은 물론이고 보좌관들까지 기업 관계자들을 만나는 것이 안 좋게 비칠 수 있다는 염려를 하면서 만남 자체가 어려워졌고, 예전과 같은 로비는커녕 학연·지연을 총동원하는 방식으로는 기업의 입장을 전달할 기회조차 가질 수 없다는 이유에서다. 기업들은 오늘도 보좌관 출신은 물론 해당 분야에 대한 전문성이 풍부한 인력을 대관 업무에 전진배치하면서 정치권을 상대로 적극적인 설득 작업을 벌이고 있다.

빨간펜 선생님, 국회전문위원

한편 국회의원이 을의 위치에 놓이기도 한다. 슈퍼갑인 국회의원의 갑은 바로 국회전문위원들이다. 국회전문위원은 입법고시 출신자들이라 봐도 무관하다. 국회전문위원실은 16개 상임위와 2개의 상설특위 등에 각 1개씩 배치돼 있는데, 차관보급인 수석전문위원을 수장으로 1급에서 2급 공무원인 전문위원과 그 아래 입법조사관 등으로 구성된다.

국회전문위원들은 상임위원회별로 배치돼 의원들의 입법활동을 보좌한다. 법안이 법리에 맞는지부터 법안 내용의 타당성까지 다루는데다, 상임위와 본회의에서 전문위원의 검토 결과 발표가 제도화되면서 이들의 위상은 현역 국회의원에 못지않아졌다. 평소 전문위원들과 빈번히 접촉하는 한 보좌관은 이들을 두고 '정부가 제출한 법안, 또 의원들의 입법 방향에 대해 종합적으로 검토하는 과정에서, 전문위원들의 전문성이 발휘되는 것을 보면 진정한 프로'라고 평가했다. 한편 법안 제출 과정에서 의원실과 전문위원실을 수십 번 오가야 했던 어떤 보좌관은 이들 전문위원을 두고 '빨간펜 선생님'이라며 치를 떨었다. 법을 만드는 사람은 국회의원인데 예비 검토단계에서부터 전문위원들의 심의가 까다롭다는 것이다. 이 때문에 어떤 국회의원은 전문위원들을 대할 때 깍듯하게 존대하고 웬만한 서류는 보좌관이 아닌 본인이 직접 들고 간다고 한다.

전문위원들은 이렇게 막강한 권한을 가지고 있지만 보좌관들처럼 존재는 드러나지 않는다. 언론과의 접촉도 철저히 피하고 있다. 한 전문위원에게 그 이유를 물었다. "아무리 의원들이 존대를 해준다고 해도, 나는 공무원이지 않나. 전문위원이 지나치게 부각되면 논란이 될 수 있다." 결국 전문위원도 공무원. 정치인처럼 자신의 이름을 알리는 것보다 객관성과 중립성을 무기로 자신의 위치를 공고히 하는 게 낫다는 것이다. 전문위원이 의정활동의 대부분을 하고 있다거나 전문위원이 없으면 입법활동과 예산 심의 등 어떤 의정활동도 할 수 없다는 등의 말도 있지만, 반대로 전문위원의 참견이 심하다든지 그렇다면 전문위원은 누가 감시하느냐는 등의 비판도 존재하는 게 사실이다.

그렇다면 국회공무원인, 국회방송 기자는 갑과 을 중 무엇이냐고? 나는 갑이라 답하고 싶다. 나도 한 사람의 유권자이니까.

06 고위공직자의 무덤, 인사청문회

국회는 보통 봄과 여름이 비교적 한가한 편이다. 민생법안을 만들고 정부 각 부처의 업무 현안을 보고받는, 조용히 자신의 업무를 하는 시기다. 그러나 정권이 바뀌고 새 정부가 들어설 때, 임기 중반 내각을 새로 꾸릴 때는 이조차도 예외다. 쉴 새 없이 인사청문회가 이어지는 탓이다. 국무위원이 되려는 자, 대통령의 내정만으로는 웃을 수 없다. 국회의 인사청문회라는 험난한 산이 기다리고 있으니….

개그콘서트보다 재미있는 인사청문회

역사에 길이길이 남을 인사청문회는 뭐니 뭐니 해도 윤진숙 해양수산부 장관 후보자의 인사청문회다. 사실 윤진숙 해수부 장관 후보는 알려진 인물이 아니었다. 그야말로 박근혜 대통령의 '모래밭 속에서 찾은 진주'라는 표현이 맞는 인물이었다. 전문연구원 출신이며 가진 재산도 상대적으로 많지 않아서 도덕적 흠결도 적을 것으로 예상됐다. 이렇게 관심에서 사라질 수 있었던 윤 장관 후보자가 이슈의 중심으로 떠오른 것은 바로 인사청문회 때문이다. 잠시 청문회 현장으로 가보자.

> 김춘진 의원(민주당): "수산은 전혀 모르십니까?"
> 윤진숙 해양수산부장관 후보자: "아니 전혀 모르는 건 아니고요."
> 김춘진 의원(민주당): "큰일 났네, 큰일 났어."

> 하태경 의원(새누리당): "해양 수도가 되기 위한 비전이 뭡니까?"
> 윤진숙 해양수산부장관 후보자: "해양~? 크크."

윤 후보자는 대부분의 의원들의 질의에 모른다는 답변으로 일관했다. 답변 태도도 문제가 됐다. 긴장된 분위기에 웃음으로 대응하는 것이 도를 넘었던 것이다. 인사청문회에 성실하게 임하지 않고,

윤진숙 해양수산부 장관 후보자 청문회 당시 모습

질문에 대충 웃어 넘기려 한다는 인상을 주기에 충분했다.

김선동 의원(통합진보당): "천연덕스럽게 친환경물질이라고 하는 게 말이 됩니까, 사과하십시오."

윤진숙 해양수산부장관 후보자: "(혼잣말) 참, 어떻게 사과해야 돼. 네, 알겠습니다."

이렇게 마친 청문회는 수많은 개그 소재로 활용되었다. 오죽했으면, "윤진숙 해수부장관 후보자 인사청문회가 개그콘서트보다 재밌었다"는 말까지 나왔을까. 난감하기는 청문위원들과 기자들, 국민들도 마찬가지였다. 과연 윤진숙 후보자가 부활하는 거대 부처인 해양수산부의 수장으로 적합하냐는 의문이 제기됐다.

주어진 시간은 단 7분!

기본적으로 인사청문회에서 후보자들은 업무 수행능력과 비전 제시, 국무위원으로서의 도덕성 등을 검증받는다. 다시 인사청문회장으로 가보자. 인사청문회는 후보자가 진실을 말하겠다는 내용의 선서를 한 뒤 인사말 같은 모두발언을 하고 시작한다. 인사말이 끝나면 본격적인 인사청문회가 시작된다. 의원들은 순서대로 후보자에게 질문을 하고 답변을 듣는다. 의원들의 질의가 시작된 순간 후보자 옆에 타이머는 돌아간다. 시간은 5분에서 7분. 길어야 7분 안에 후보자의 자질과 소신, 업무능력, 도덕성 등을 점검해야 한다. 후보자의 대답 시간에도 타이머는 멈추지 않는다. 축구경기에서 시간이 흘러가는 것과 똑같다. 선수를 교체해도 부상자가 나와도 시간은 멈추지 않는다. 그럼 추가 시간은 있을까? 있다. 의원당 추가 1분이 주어진다.

그럼 질문 시간은 어떻게 흘러갈까? 이 짧은 시간에 어떤 의원들은 후보자에게 내정 축하 인사와 덕담을 하고 질문에 들어간다. 이런 의원들에게는 7분이라는 시간이 충분하다. 그러나 검증할 것이 많은 의원에게 7분은 짧은 시간이다. 그렇다 보니 후보자에게 "예, 아니오 짧게 대답하세요"라는 차가운 말을 던지고 돌직구를 날리기에 여념이 없다. 물론 이들 의원들의 공통점도 있다. 무조건 자기 얘기를 더 많이 한다는 점이다. "나는 부처의 비전이 서민에 초점을

타임워치 앞 의원

맞춰야 한다고 생각한다. … 장관도 서민에 초점을 맞추길 바란다"는 식의 긴 이야기를 하고 "어떻게 생각하세요, 후보자?" 하면 후보자는 "네, 의원님의 말씀에 깊이 공감합니다. 반영하겠습니다"라고 하면 끝이다. 타이머가 울리면 마이크는 자동으로 꺼진다.

짧은 시간 동안 후보자들을 검증하는 것, 어려운 일이 아닐 수 없다. 문제는 이 와중에도 여야 간 정파적 이해관계에 근거해, 여당은 후보자의 의혹에 대해 적극적으로 변호하거나 아니면 후보자에게 해명할 기회를 준다는 것이다. 야당은 일반적으로 후보자에 대해 온갖 의혹을 쏟아내며 부적격함을 따져 묻는다. 여기에 자료 제출

부실 시비는 청문회를 중단시키는 단골 사유로 등장하고 의원들 간의 색깔 논쟁은 조미료처럼 첨가된다. 이것이 '견제와 균형의 논리에 입각해 국회가 대통령의 자의적 인사권을 견제하도록 하고 이를 통해 보다 뛰어난 인재를 고위공직자로 발탁하기 위한 취지'로 도입된 국회 인사청문회의 현주소다.

인사청문회제도 어떻게 손볼까

현실이 이렇다 보니 인사청문회제도 자체를 손질해야 한다는 지적이 끊이지 않는다. 최근의 청문회가 과도하게 흥미 유발적 폭로전 양상을 띠고 있다는 것이다. 청문회에서 터져나오는 후보자의 비리 의혹 한 건 한 건이 실로 개탄할 만한 수준의 것들도 있지만 꼭 이런 방식의 인사청문회여야 하는지에 대한 의구심도 동시에 커졌다. 청문회가 얼마나 무서웠으면, 박근혜 정부의 정홍원 국무총리가 "어린 시절 작은 잘못까지도 생각이 나더라"라고까지 했을까. 과도한 신상털기식 진행이 국회 인사청문회의 품격을 떨어뜨리는 동시에 우리 사회 지도층 전체를 싸잡아 '부도덕한 집단'이라고 매도해 이를 국민들의 머릿속에 심어놓는다면, 훗날 심각한 사회문제를 야기할 수도 있는 것이다.

인사청문회가 있을 때마다 언론에선 '신상털기를 해서는 안 된다, 정책과 업무능력 위주로 검증을 해야 한다, 미국식으로 하자, 미국은 더 철저한 검증 시스템을 갖고 있다…' 등의 이야기가 요란하게 등장한다. 요점은 200여 년 전통의 미국 의회 인사청문회를 참고해 사전 검증시스템을 도입하자는 것이다. 전문가들은 미국 의회처럼, 우리도 주로 쟁점이 되는 도덕성 관련 사전 검증제도를 도입하면 사전조사에서 이미 검증돼 후보가 올라오기 때문에 정책 위주의 인사청문회 진행이 가능하다고 지적한다.

여야 정치권도 미국 인사청문회를 거울 삼아 제도를 개선하자는 데는 이견이 없다. 그러나 각론으로 들어가면 방향이 갈리는데, 여당은 도덕성이나 신상 검증은 비공개로 해야 한다는 입장이고 야당은 허위 진술한 공직 후보자 처벌 등 검증 강화 쪽에 무게를 싣고 있다. 정책 검증 강화와 함께 국회 동의를 필수화시켜 예비 고위공직자들이 자기 관리를 강화하도록 제도화해야 한다는 의견이 나온 것은 물론이다.

혹자들은 야당의 무차별 검증 공세가 문제이고, 언론이 이런 의혹들만 써대 문제를 악화시키고 있다고 지적한다. 물론 공직 후보자를 겨냥한 검증 공세를 의혹 폭로전, 난타전, 발목잡기로 이해할 수도 있다. 내가 하면 '검증'이고 남이 하면 '신상털기'라고. 정치적인 목적에 의해 인사청문회가 진행되는 부분이 있는 것도 부인할 수는 없다. 그러나 야당과 언론이 비판적인 여론을 조장한다는 인식보다는 공직 후보자의 도덕성을 중요한 능력이자 검증 대상으로 보고 있다는 여론이 존재하기 때문에 언론의 기사와 야당의 공세가 호소력을 갖게 된다는 점도 인식할 필요가 있다.

인사청문회로 해결된 병폐, 전관예우

이 정도 되면, '인사청문회는 문제점투성이구나'라는 인식을 갖기 십상이다. 그러나 인사청문회로 우리 사회에 숨어 있던 병폐들이 해결되기도 한다. 전관예우방지법이 바로 그것이다. '전관예우'는 판사나 검사 출신이 퇴직 후 변호사가 됐을 때 수임 사건에 대해 현직 판검사들이 일종의 예우 차원에서 잘 봐주는 관행이라고 할 수 있다. 전관예우는 예전에는 법조계 인사들만이 쓰는 용어였지만 인사청문회로 온 국민이 다 아는 보통명사가 됐다.

이 전관예우는 단순히 같은 직종에 있던 동료 또는 선배였기 때문에 잘 봐준다는 차원 이상이라는 데 문제의 심각성이 있다. 선배 판검사들이 퇴직 후 대형 로펌에 들어간 뒤 그냥 변호사로 끝나면 모르겠는데, 문제는 이들이 언젠가 내 윗사람, 즉 장관 같은 고위공직자로 돌아올 가능성이 있다는 것이다. 대형 로펌들은 일반 국민들이 놀랄 정도의 거액을 주고 퇴직 판검사들을 모셔간다. 이들은 변호 업무보다는 사건을 받아 온다거나, 사건 해결을 위한 전화를 해준다거나, 하는 인맥을 활용하는 것으로 알려져 있다. 로펌 입장에서는 이들이 직접 실무에 뛰지 않는다 해도 로펌 소속 변호사로 이름을 올리는 것만으로 후광효과를 얻을 수 있고, 또 이들이 훗날 고위공직자로 돌아간다면 다시 고위직 인맥이 형성되니 좋을 수 밖에 없는 것이다.

때문에 그동안 의원들은 전관들이 화려하게 부활한 청문회에서 '전관예우가 단순히 옛 선배에 대한 예우 차원의 문제를 넘어 법질서를 문란하게 하는 범죄 행위'라고 지적하며, 후보자가 로펌 변호사 시절에 받은 고액의 수임료 내역을 국회에 제출하라고 압박했다. 그러나 후보자들은 '업무 중 알게 된 비밀을 누설해선 안 된다는' 변호사법 89조 때문에 제출하고 싶어도 할 수 없다면서 제출하지 않았다. 여야 국회의원들은 전관 변호사들의 수임 내역 자료를 받지 못하게 하는 변호사법을 고쳐야겠다는 문제의식을 가지고 법을 개정했다. 이렇게 인사청문회로 그들만의 리그에서 통용되던 공공연한 비밀이 세상에 알려지고, 문제의 심각성을 인식한 의원들이 법제화로 개선에 나선 것은 인사청문회의 좋은 일례로 평가할 수 있다.

후보자의 적격 여부를 판단하는 것은 결국 '국민'

인사청문회가 도입되고 나서 인사청문회는 고위공직자의 무덤이 됐다. 어떤 후보자는 위장전입이, 또 어떤 후보자는 부동산 투기 문제가, 어떤 이는 논문표절이, 병역 문제가 발목을 잡았다. 이처럼 지금까지 낙마한 사람들을 보면 하나같이 도덕성이 문제였다.

인사청문회가 도입된 것은 김대중 대통령 시절인 2000년 6월. 2년여의 국회 논의를 거쳐 인사청문회법이 제정됐고 이한동 국무총리가 첫 인사청문회를 거친 총리였다. 당시 청문회 대상자는 국회의 임명동의가 필요한 국무총리, 대법원장, 헌법재판소장, 대법관 등이었지만, 노무현 대통령 시절인 2005년에는 국가정보원장, 검찰총장, 국세청장, 경찰총장 등 4대 권력기관장들도 청문회 대상으로 포함됐다. 여기에 각 부 장관은 물론, 방송통신위원장과 금융위원장, 한국은행 총재 등이 포함돼, 현재 인사청문회 대상은 총 60명에 이른다. 그중 많은 청문 대상자들이 그동안의 인사청문회 역사를 거치며 낙마하기도 했다.

과거 낙마자들 중 "나는 그때 위장전입으로 낙마했는데, 요새 위장전입은 아무것도 아니잖아"라며 나름 억울함을 호소하는 경우도 가까이서 지켜봤다. 현재 고위공직자에 임명될 수 있는 후보군의 나이대는 대략 60대다. 그들이 한창 잘나가던 70~80년대에는 지금처럼 사회적으로 도덕적 기준이 높지 않았다고 한다. 맹모삼천지교라는데 자식 교육을 위해 주소지 옮기는 거야 뭐 인지상정이고, 다운계약서는 합법적인 절세 수단이었는데, 과거의 관행이 다 위법으로 바뀐 것이다. 그렇다, 인식이 바뀐 것이다. 우리나라 70~80년대 상황이 그러했다는 것을 어느 정도 이해하는 풍토가 조성된 것이라고 하겠다. 국민 인식의 변화는 그런 것까지 꼬투리 잡으면 누가 고위직이 될 수 있겠나 하는 측은지심 때문이지 싶다. 우스갯소리로도 하지 않나. 우리나라 헌법 위에 있는 게 국민정서법이라고. 우리 국민들은 이런 국민정서법상 눈감아줄 수 있는 경우를 제외하고는 공직자에 대해 높은 수준의 도덕성을 요구한다. 후보자의 인사청문 경과보고서가 통과되든 안 되든, 후보자의 적격 여부를 판단하는 것은 결국 국민의 몫이다.

07 장외투쟁과 비대위, 돌고 도는 정치사

세상일은 돌고 돈다는 말이 있다. 인간사에서 일어나는 일은 시대와 상황이 변할지라도 그 기본 원리는 변하지 않아 지나갔던 과거 일이 오늘날 다시 반복된다는 뜻일 게다. 바로 이 말이 정치에 있어서도 그대로 적용되고 있다.

선거 패배 후 공식, 비상대책위원회

KBS 개그콘서트의 '비상대책위원회'라는 코너를 기억하는가? 개그맨 김준현을 스타로 만든 유행어 "고뤠~에?"가 나온 바로 그 코니다. 정치에 대해 잘 모르는 사람이라면 이 비상대책위원회가 정치권의 비상대책위원회와 너무 비슷하다는 것을 몰랐을 수도 있다. 2012년 여야 정치권은 정상적인 정당 체제를 유지하지 못하고 모두 '비상대책위원회'를 꾸렸다. 2011년 서울시장 재보궐 선거일에 선관위 홈페이지가 디도스 공격을 받았다. 사건에 연루된 것은 한나라당 최구식 의원의 비서. 한나라당은 이대로 총선을 치를 수 없다며 비상대책위원회를 꾸리고 당명을 새누리당으로 바꿨다. 구원투수로 선거의 여왕 박근혜 당시 비대위원장이 전면에 나섰다. 그리고 새누리당은 2012년 19대 총선에서 과반 151석을 달성하며 승리했다.

반면 선거에 진 민주통합당은 침통했다. 당시 민주당 내부에선 '여당의 실책이 많았던 만큼, 지기 어려운 선거에서 졌다'는 반성과 울분이 터져 나왔다. 선거에서 졌으니 공식처럼 한명숙 대표가 사퇴했고, 박지원 원내대표가 비상대책위원회를 맡았다. 총선 패배로 당이 존폐 기로에 내몰렸던 자유선진당도 심대평 대표가 물러나고 비상대책위원회 체제에 돌입했다. 통합진보당은 비례대표 경선 과정에서 부정 논란이 불거지며 당이 쪼개지는 아픔을 겪었다. 이 사태를 수습하기 위해 역시 비상대책위원회가 출범했다. 비슷한 시기, 4개의 정당이 비대위 체제로 운영됐다. 전당대회에서 당원들의 지지를 받았던 당 대표는 순식간에 사라지고 비상대책위원장이 세워졌다. 각 비상대책위원장들은 공식 석상에서 만나 "정치가 위기인 상황인 것 같다. 새누리당 빼고 우리 모두 대표가 아니고 비대위원장이다"라고 자조하거나, "민주주의 체제하에서 정당정치가 제대로 작동하지 못한다는 의미이니, 우리가 제대로 해야 한다"는 자성의 목소리로 인사말을 대신하기도 했다.

문제는 비상대책위원회가 2012년에만 있었던 것이 아니라는 것이다. 여야는 모두 선거에서 패배하면 지도부가 사퇴하고 비상대책위원회를 만들었다. 한마디로 비대위는 선거의 후폭풍이요, 전당대회에서 새 대표를 뽑기 직전 건너는 건널목인 것이다.

야당이 거리로 나서는 이유, 장외투쟁

갑자기 소나기가 쏟아지자 당직자들은 책상 위로 올라가 천막을 손으로 받쳤다. 자칫하면 천막이 빗물의 무게를 못 이겨 쓰러지거나 천막 안으로 빗물이 쏟아질 수 있는 상황. 다른 당직자들은 일사불란하게 노트북과 선풍기의 전원을 껐다. 임시 천막당사 생활을 하던 당시 민주당 이야기다. 노하우도 생겼다. 게시판엔 바닥에 놓인 멀티탭을 높은 곳으로 이동시킬 것, 장우산 등을 이용해 천막 상단에 고인 빗물을 아래로 떨어뜨려 제거할 것 등 우천 시 행동요령이 빼곡히 적혀 있다.

장외투쟁은 군사정권 시절 야당이 택할 수 있는 마지막 수단이었지만, 민주화 이후에도 야당의 이런 장외투쟁은 되풀이됐다. 2008

년 촛불집회를 기억할 것이다. 이명박 정부 초 미국산 쇠고기 수입 반대를 내걸고 당시 야당인 통합민주당이 주도한 촛불집회는 유모차, 넥타이 부대까지 거리로 나와 이 대열에 합류하면서 결국 이 대통령의 사과를 이끌어냈다. 통합민주당은 이후에도 미디어법 강행처리, 4대강 예산 처리, 한미 FTA 비준 반대를 내세워 국회 밖에서 이른바 장외투쟁을 벌였다.

새누리당 역시 전신인 한나라당 시절 거리로 나간 경험이 있다. 1998년 이회창 당시 총재를 겨냥한 검찰 수사에 반발해 장외투쟁을 벌였고, 박근혜 대통령이 당 대표를 맡았던 2005년 말엔 사학법 개정에 반발해 국회 밖에서 여론전을 벌였다. 당시 여당의 새 원내대표로 선출된 김한길 의원이 국회 정상화에 합의해 한나라당은 53일 만에야 국회로 돌아올 수 있었다. 재미있는 사실은 그로부터 8년이 지난 2013년, 이번엔 민주당 김한길 대표가 야당 대표로 국정원의 대선 개입 의혹과 관련한 박근혜 대통령의 사과를 요구하며 장외투쟁에 나서면서, 공수가 뒤바뀌게 됐다는 것이다.

이처럼 여당은 항상 야당의 장외투쟁에 대해 민생을 챙기지 않고 있다고 비난을 퍼부으며, 어떤 경우에도 장외투쟁은 정당화될 수 없고 구시대적 작태라며 비난해왔다. 한편 야당은 일단 거리로 나서게 되면 여당의 양보가 없는 한 다시 국회로 돌아오기가 쉽지 않음에도, 수적 불리함을 딛고 여당과 협상하기 위해 거리로 나섰다.

잊을 만하면 나오는 개헌론

잊을 만하면 떠오르는 정치권 이슈가 바로 개헌이다. 말 그대로 헌법을 고치자는 것인데, 정치권에선 그 필요성에 대한 주장이 계속되어왔다. 1987년 현행 헌법이 만들어진 이후 우리 사회의 규모와 내용은 크게 달라졌는데, 헌법은 민주화 항쟁 이후 시점에 멈춰 있기 때문이다. 1987년 5년 단임제와 대통령 직선제가 정해진 이후, 개헌 주장은 매 정권마다 제기된다. 김대중 전 대통령은 내각제 개헌을 약속하며 1997년 대선에서 승리했지만 당선 이듬해 개헌 유보를 선언했다. 노무현 전 대통령은 2007년에 대통령제를 4년 중임제로 바꾸는 원 포인트 개헌을 제안했다가 정치권의 반발에 막힌 바 있다. 이명박 전 대통령 역시 국회와 함께 개헌 논의를 지속적으로 시도했지만 성과는 없었다. 이렇게 개헌 논의는 늘 수면 위로 떠올랐다 아래로 가라앉기를 반복해왔다.

왜 매번 논의만 하다 무산되었을까? 개헌만큼 현재 권력과 미래 권력의 이해관계가 충돌하는 사안도 없기 때문이다. 살아 있는 권력과 차기 권력 사이의 셈법도 엇갈린다. 정치 세력 간 이해관계가 거미줄처럼 얽혀 있다. 권력구조 개편 방향을 놓고 각 정파의 생각과 이해가 제각각이다. 정치 여건도 쉽지 않다. 매년 선거가 치러지는 구조상 개헌 동력을 모으기가 쉽지 않다. 개헌의 열쇠를 쥐고 있는 대통령 역시, 산적한 국정과제를 앞에 두고 정치적 블랙홀이 될 개헌 논의에 적극 힘을 싣긴 어렵다.

그럼에도 불구하고,개헌 논의가 필요하다는 주장은 19대 국회에서도 현재진행형이다. 강창희 국회의장이 제헌절 경축사를 통해 개헌 문제를 꺼내 들었고, 여야는 국회 차원의 개헌 논의 기구 구성에 합의하기도 했다.

온고지신溫故知新이란 말이 있다. 흔히 '옛것을 익혀 새것을 안다'는 뜻으로 알고 있지만, 조선 정조대왕은 '옛것을 익혀 새로운 깨달음을 얻는다'는 뜻으로 해석했다고 한다. 세월을 거쳐 주체만 바뀐 채 동일한 상황이 데자뷔처럼 반복되고 있는 여의도 정치권. 과거 성찰을 통해 잘못된 것은 타산지석으로 삼고, 필요하다면 다시 보는 열린 생각이 필요하지 않을까. 이런 기시감이 들 때마다 기자들은 보다 쉽게 정국 진단, 전망 기사를 쓸 수 있겠지만.

08 국회의 꽃, 국정감사

국회방송으로 처음 출근하던 날. 늦가을이었고 낙엽이 물들어 바닥에 곱게 깔려 있었다. 바람도 청량했고 하늘은 파란색 물감을 풀어놓은 듯 높고 맑았다. 벅찬 가슴으로 가방을 가슴에 안고 숨을 훅 내쉬며 한 발 한 발 경쾌하게 내디뎠다. 설레기도 하고 약간 두렵기도 한 초등학교 입학생 같은 심정이었다. 그런데 출근길 낭만은 여기까지였다.

국회 경내를 가로질러 의사당 건물 안으로 들어서자마자 풍경은 반전이었다. 분주히 뛰어다니는 검은 양복의 공무원들. 또 그 뒤로 줄줄이 들어서는 검은 승용차에서 내리는 국회의원들과 장관들. 그렇다. 때는 11월 초, 막바지 국정감사가 한창이었다. 이때는 국회의

꽃으로 불릴 만큼 한 해 중 가장 바쁜 시기다. 국회와 정부가 창과 방패가 되어 소리 없는 총성을 벌이고 있었다.

당시 정치에 문외한이었던 내가 이를 알 리가 없었다. 입사하자마자 휘몰아치는 국정감사 일정에 나 또한 정신없이 휘둘렸다. 하루 7~8시간씩 국정감사 중계를 지켜보며 키보드를 두들겨야 했고 뉴스 시간에 맞춰 기사도 뽑아내야 했다. 각 방을 돌며 인사를 다니고 선배들에게 업무 설명을 듣고 회사 분위기를 파악하는 인턴 과정은 일찌감치 생략이었다. 그로부터 몇 년이 흐른 지금에서야 알게 된 것인데, 모든 조직이 그러하듯이 국회에도 일정한 주기와 반복되는 규칙이 있다.

가장 국회다운 순간

의정활동 중 가장 국회다운 순간을 꼽으라면 아마 국정감사가 첫손에 꼽힐 것이다. 국정감사는 입법과 정부 예산, 그리고 국정통제를 유효 적절하게 행사하기 위해 국정 전반을 돌아보는 제도다. 그러다 보니 국정감사가 시작되면 국회 본관은 각 층마다 피감기관에서 나온 공무원들로 북새통을 이룬다. 복도에서는 쉴 새 없이 복사기가 돌아가고 보좌관과 피감기관 공무원 사이에 "자료를 빨리 달라" "기다려라" 하는 고성이 오간다. 혹여나 국정감사장에서 부실한 답변과 자료로 해당 기관장이 죄다 두들겨 맞을까 싶어 기관장 이하

국정감사 의원석

부장, 과장들은 국정감사가 진행되는 와중에도 방어막 치기에 분주하다. 기자들 역시 분주하지만 쏟아지는 기삿거리에 어느 것을 선택해 이슈화할까 고민하는 행복한 시기이기도 하다. 실제로 국정감사장 옆 기자실 테이블에는 20~30건의 보도자료가 나열되는데, 의원 한 명당 하루에 평균 2건의 보도자료를 내는 셈이다. 그것도 피감기관 한 곳에서만 7~8건의 지적사항을 담으니 자료의 양은 어마어마하다.

그렇다면 국정감사는 언제부터, 어떻게 하게 된 것일까? 국정감사의 역사는 제헌국회로 거슬러 올라간다. 제헌헌법 43조에 '국회는 국정을 감사하기 위하여 필요한 서류를 제출케 하며 증인의 출석과 증언 또는 의견의 진술을 요구할 수 있다'고 하여 국정감사의 근거를 마련했다. 실제로 국정감사가 이루어진 것은 1949년 12월 2일 제56차 본회의에서 의결한 '국정감사에 관한 계획안'에 의하여 실시된 일반국정감사였다.

당시에는 '국정전반에 대하여 반을 나누어 동일한 기간에 시행'하는 일반국정감사와 '국정의 특별한 부분에 한하여 특별위원회로 하여금 시행'하는 특별감사로 나누어져 있었는데, 이는 1972년까지만 존재했고, 지금은 특별감사제를 두지 않고 있다. 제헌국회에서 이뤄진 국정감사는 일반국정감사 한 번뿐이었고 특별국정감사는 없었다. 당시 국정감사 내용은 불온문서 살포사건, 국회 내 삐라 살포사건, 농림부장관 및 상공부장관의 비행, 대한정치공작대 사건 등 주로 사건 조사 성격이 많았다.

제헌국회와 2대 국회 중반에 이르기까지 국정감사의 구체적인 절차 법규와 선례 등이 정립되지 못했다. 그러다 2대 국회인 1953년 본문 14개조로 구성된 국정감사법이 제정된다. 이렇게 24년간 실시되던 국정감사는 1972년 국회가 해산되고, 7차 개헌에서 국정감사 조항이 삭제되면서 위기를 겪기도 했지만, 9차 개헌으로 1988년 13대 국회에서 부활됐다.

알고 보면 기구한 운명의 국정감사. 16년 만에 부활한 국정감사는 정말 국회의 꽃이라 불려도 과언이 아닌 듯하다. 세계에서 거의 유일한 제도라는 국정감사가 때로는 정치공방이나 폭로, 그리고 과욕이 빚어내는 해프닝으로 눈살을 찌푸리게 하는 일도 있다. 매년 부실국감이니 식물국감이니 논란 또한 반복되고, 국감이 끝나기 무섭게 무용론이 제기되기도 한다. 하지만 그나마 국정감사가 있어 행정부와 산하 기관이 정책을 제대로 수행하고 있는지, 예산을 엉뚱한 곳에 쓴 건 아닌지 등을 꼼꼼히 묻고 따질 수 있는 것 아닐까.

정기국회, 임시국회 무슨 차이야?

국회에서는 회의가 끊임없이 벌어지고, 개원국회, 정기국회, 임시국회 그 이름도 다양하다. 비슷한 듯하지만 서로 열리는 시기도 하는 일도 다르다.

먼저 개원국회부터 알아보자. 말 그대로 국회의원 임기가 새로 시작되면서 열리는 국회이다. 원래는 5월 30일, 임기 개시 7일 후 6월 5일 자동으로 소집되는데, 2008년에는 미국산 쇠고기 수입 파동으로 한 달 지연된 7월 10일 개원됐고, 2012년 19대 국회는 상임위원회 구성과 위원장을 결정하는 원구성 문제 등을 놓고 진통하다 7월 2일 개원했다.

임시국회는 16대 국회부터 '상시 개원 체제'를 도입해 2·4·6월의 1일에 30일 회기로 자동 개회된다. 다만 대통령 또는 국회의원 4분의 1이상이 요구할 때는 언제든지 홀수 달에도 열릴 수 있기 때문에 최근 몇 년 동안은 거의 매달 임시국회가 소집되었다.

다음은 정기국회. 매년 한 차례씩 돌아오는 100일짜리 국회 일정이다. 9월 1일(공휴일인 경우 다음 날) 소집되는데, 이 기간에 국정감사도 진행되고 예산, 결산에 대한 예비심사와 종합심사도 이뤄진

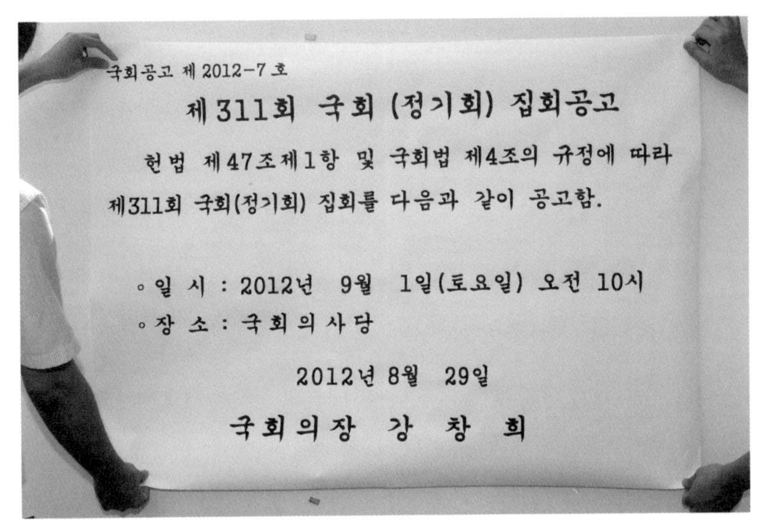

국회 집회공고

다. 사실상 한 해 중 가장 결정적으로 국회가 제 역할을 하는 것이 정기국회다. 이 정기국회를 대비해 300명 국회의원이 봄부터 전력을 가다듬었다고 해도 과언이 아닐 정도니 말이다. 국정감사가 의원 개인별 의정능력 대결, 자존심 대결이라고 칭한다면 예산, 결산 심사는 당 대 당, 진보 대 보수의 대결로 압축된다고도 할 수 있다.

예산안 처리=몸싸움

새해 예산안이 처리되는 연말, 연초에는 국민들도 덩달아 재미있는 광경을 볼 수 있다. 50대들의 집단 패싸움을 구경하면서 절로 혀를

끌끌 차기도 하지만, 이는 이종격투기 경기만큼이나 흥미진진하다. 내 경우 국회방송에 입사한 이후 가장 기억에 남는 순간을 꼽으라면 주저 않고 2010년 겨울을 꼽겠다.

정기국회 마감일을 하루 앞둔 12월 8일. 2시로 예정된 본회의를 앞두고 한나라당의 분위기가 심상치 않았다. 기자들 사이에서는 "곧 진입한다"는 흉흉한 소문이 돌기 시작했고, 언론사 카메라와 기자들은 로턴다홀에서 무작정 기다리기 시작했다. 낮 1시 45분, 2시로 예정된 본회의를 앞두고 한나라당 의원과 보좌진이 본회의장 진입을 시도하면서 입구를 막고 있던 야당 보좌진과 격렬한 충돌을 빚었다. 이 과정에서 떠밀리듯 본회의장으로 진입하는 이재오 특임장관, 멱살을 잡히다시피 하며 끌려나온 홍준표 의원, 또 안상수 대표는 진입을 시도하다 떠밀려 바닥에 쓰러졌다가 밟히기 직전 피신했다. 양당의 싸움은 치열했다. 때리고 밟히고 피 흘리고 찢기는…. 근거리에서 지켜보는 기자들은 이런 상황을 취재수첩에 기록하면서도 연신 "어머! 어머나!"를 연발했다. 한나라당 김성회 의원과 민주당 강기정 의원은 사이좋게 주먹을 섞으며 코피를 쏟았고 결국 공무집행방해, 폭력 등의 혐의로 나란히 벌금형을 받았다.

이날 국회의원의 몸싸움을 목격한 것이 처음은 아니었다. 2009년 야당의 국회 로턴다홀 점거 농성 당시 퇴거작전을 벌인 국회사무처와의 진한 몸싸움을 경험한 터라 목전에서 펼쳐진 금배지들의 격투기가 그렇게 놀랍지는 않았다. 집안에서 엄마 아빠의 잦은 부부싸움을 보고 자란 아이들이 커서 어지간한 폭언과 폭력에 무덤덤해하는 그런 현상이랄까.

잃어버린 가을과 겨울

한편 폭풍 같은 연말을 보내고 나면 국회사무처는 3월에 정기 봄 휴가 공문이 떨어진다. 모두가 훈훈해야 할 연말연시를 전쟁통에서 함께 보낸 국회사무처 직원들의 노고에 대한 위로다. 그리고 국회는 정기국회에서 예산안과 함께 쟁점 법안을 털어낸 홀가분함에 제대로 된 봄을 만끽한다. 1년 중 유일하게 조용한 시기이기도 하다.

정리해보면 국회는 2월 임시국회를 시작으로 기지개를 켠다. 봄에는 '한강 여의도 봄꽃축제' '국회 잔디광장 개방' 등 다양한 이벤트의 영향인지 정쟁이 잠시 묻히고 평화로운 한때를 보낸다. 그리고 다시 임시국회에서 법률안 처리에 매진하고, 여름휴가 기간에는 정기국회 준비를 하고 가을, 겨울을 보낸다. 지역구 의원들은 예산안이 처리된 직후 일제히 자신의 지역구로 내려간다. 이번 예산에서 우리 지역 어느 사업에 얼마만큼이 확보됐다는 것을 알리기 위해서다. 그리고 의정보고서를 통해 부지런히 업적을 홍보하고 지역발전에 이바지하고 있음을 한껏 뽐내고 돌아온다.

대강의 국회 일정은 이렇지만 어그러지는 경우도 다반사다. 2013년만 하더라도 박근혜 정부가 출범하면서 정부조직법 처리와 신임 장관, 경찰청장, 검찰총장, 대법원장, 대법관 등을 대상으로 하는 국회 인사청문회가 3, 4월에 집중됐다. 게다가 박근혜 정부의 첫 대정부질문, 4·24 재보궐 선거까지 겹치면서 2013년 봄은 한마디로 마魔의 4월이었다. 그런데 4월이 지나면 5월에는 여야 모두 당내 경선이 있고, 6월에는 전해 예산의 결산이 기다리고 있고, 이후에는 바로 국정감사 준비다. 우스갯말로 국회에는 '가을, 겨울이 없다'. 봄, 여름은 그나마 계절이 돌아왔음을 실감이라도 하고 지나는데 가을, 겨울은 휘몰아치는 국회 일정에 계절이 오고 가는지도 모르고 보낸다는 뜻이다.

언론에 '공전 국회'가 자주 비춰지다 보니, 국민들은 국회가 항상 빈둥거리는 줄로만 안다. 하지만 이처럼 국회의 봄, 여름, 가을, 겨울을 속속들이 알고 나면 '나름 바쁜 국회'쯤으로 여겨질 수도 있겠다.

09 여야 싸움의 기술

새 대통령이 뽑히면 정권은 그때마다 정부조직 개편안을 발표한다. 박근혜 정부는 기존의 정부조직에서 미래창조과학부를 신설하고 해양수산부를 부활시켜 17부 3처 17청을 꾸리겠다고 안을 짰다. 이 개편안은 정부조직법을 개정해야 시행에 들어갈 수 있는데, 청와대에서 넘어온 개정안이 국회에서 최종 의결되기까지 여야의 지리한 싸움은 46일 동안 이어졌다.

그 사이 회담장 문 앞을 기웃거리면서 새누리당 김기현, 민주당 우원식 원내수석부대표를 마주칠 때마다 기자들이 건넨 겸연쩍은 인사말이 바로 "이러다 두 분 정들겠다"는 말이었다. 연일 언론에서는 '박근혜 출범 ○○째, 아직도 식물 정부' '여야 지도력 부재' '민생 국회 한다던 여야 뭐하나' 등등 자극적인 제목의 기사들을 쏟아내며 여야의 싸움을 부채질했다. 그리고 '오늘도 물밑접촉'이라는 말도 빠짐없이 등장했다.

물밑접촉. 말 그대로 수면에 드러나지 않게 물밑에서 남몰래 조용히 접촉한다는 뜻이다. 국회는 사실상 드러난 협상보다 밀실협상이 더 잦다. 여의도 모처에서의 수차례 만남을 통해 다듬고 다듬어진 협상문을 갖고 마지막 사인을 할 때에만 짠 하고 언론에 공개하는 경우가 대다수다.

이유는 여러 가지인데, 우선 언론의 섣부른 추측성 기사를 차단하기 위해서이다. 또 날카로운 기자들 눈을 피해, 보다 편안한 자리에서 술 한잔 기울여 가며 여야가 주고받을 것을 명확히 계산하는 것이 더 편리하기 때문이다. 이렇게 협상이 끝난 후에는 여야 대표가 두 손을 맞잡고 환하게 웃으며 포토존에 서고 때때로 다정한 러브샷으로 마무리하기도 한다.

국회방송에 입사해 처음 정당을 출입할 당시에는 이 모든 과정이 불편하게 비쳤다. 배울 만큼 배운 나이 지긋한 양반들이 이 무슨 쇼란 말인가. 이렇게 사이좋게 마무리할 거면서 그동안 왜 그렇게 사납게 싸웠나 싶었고 그 싸움이 소모적으로 보였다. 하지만 정당 출입 10년 차의 타사 선배는 신기하게도 여야가 합의할 시점은 물론 서로 무엇을 양보하고 무엇을 지킬 것인지까지 정확하게 점치고 있었다. 초짜 기자 시절에는 이것이 국회 짬밥 10년의 내공이구나 감탄했는데, 시간이 지나고 국회의 생리를 알고 보니 여야의 합의 시점 역시 자연스레 깨우치게 된다는 것을 알게 됐다.

싸워야 사는 남자

정당은 기본적으로 싸움을 통해 정치권력을 획득하는 것이 목표인 집단이다. 따라서 정당끼리 싸움을 하는 것은 당연하고 오히려 싸우지 않는 정당은 정당으로서의 가치가 상실된다. 하지만 싸움에도 기술이 있고 예의가 있다. 싸움의 목적이 정당을 지지해준 국민들을 수긍케 해야 하고, 공공의 이익을 위한 생산적인 것이어야 한다. 치고받는 것을 기본으로 하는 권투에도 '상대방의 하체를 공격하면 안 된다'는 최소한의 룰이 있듯이 말이다.

그동안의 싸움에 비하면 19대 국회의 정부조직 개정안 협상은 꽤 신사적이었다. 각자의 핵심 요구사항을 관철시키면서도 한 걸음씩 후퇴한, 일방적인 승리도 양보도 아닌 절충안의 타결이었다. 당시 민주당은 종합유선방송사업자SO 관할권을 신설되는 미래창조과학부로 넘기는 대신 방송의 공정성을 담보할 수 있는 안전장치를 마련하는 데 성공했다. 그동안 꾸준히 주장해온 SO 인·허가권 및 법령 제·개정권에 대해서는 미래창조과학부가 반드시 방통위의 사전 동의를 얻도록 한 점이 가장 큰 성과다. 더불어 국가정보원 여직원 대선 조작 의혹과 감사원 4대강 감사 결과에 대해서는 국정조사를 실시하기로 합의하며 정국 주도권 싸움에서 우위를 점하게 됐다.

새누리당은 인터넷 TV(IPTV)와 SO, 비보도 PP(방송프로그램공급자) 등을 미래창조과학부로 이관해야 한다는 박근혜 대통령의 원안을 지켰다는 것 자체에 의미가 있다. 또 부동산 취득세 감면 연장을 위한 지방세특례제한법 개정안 처리와 통합진보당 이석기·김재연 의원에 대한 자격심사안 발의 등 뜻밖의 수확도 있었다.

이렇게 여야는 이번 협상에서 서로 적지 않은 성과를 거뒀지만 기자들과 만나서는 "만족스럽지는 않다"며 씁쓸한 표정을 지었다. 합의 결과가 만족스럽지 않아서가 아니라 52일 동안이나 대치하면서 국민을 볼 면목이 없어서일 것이다. 그러면서 자존심 챙기기도 잊지 않았다. 새누리당 김기현 원내수석부대표는 "야당의 주장을 상당 부분 수용한 대승적 결단이었다"라고, 민주당 우원식 원내수석부대표는 "더 이상의 국정 공백은 안 된다는 판단으로 합의문에 서명했다"라고 마지막까지 공방을 이어갔다.

싸움의 본질은 어디에

다소 시일이 오래 걸렸을지언정 이렇게 모두에게 해피엔딩인 경우는 좀 낫다. 2009년 여름, 미디어법 처리를 앞두고는 국회 개원 사상 초유의 본회의장 여야 동시 점거 사태도 있었다. 막말, 폭력극에 이어 동거까지…. 새누리당(당시 한나라당)이 미디어법을 직권상정을 할까 봐 본회의장을 떠나지 못하는 민주당이나, 민주당이 의장석까지 점거할까 봐 옆자리에서 잠을 청하는 새누리당이나 오십보 백보였다.

2010년에는 새해 예산안을 처리하면서, 2011년에는 한미 FTA 국회 비준동의안을 처리하면서 또다시 몸싸움을 반복했다. 국민들은 이제 여야 대립 자체에 염증을 느낀다. 그동안 깡패들 못지않은 패싸움, 막장드라마 못지않은 비상식적 싸움을 봐온 탓이다. 여기에는 여야가 무엇을 위해 싸우는지를 잊은 듯, 싸움 그 자체가 목적인 것처럼 사생결단 의지를 불태우는 모습 또한 한몫했다.

정쟁에서는 무엇보다 상대방을 인정하고, 최소한의 신뢰를 바탕으로 해야 하는데 여야는 서로 상대방이 하는 말은 이제 콩으로 메주를 쑨다 해도 믿을 수 없다는 전제로 스스로 불신의 골을 팠다. 사람人과 말言이 더해지면 믿음信이 된다. 그런데 어느새 서울 여의도 한쪽에서는 사람과 말이 합쳐져 불신不信이라는 새로운 돌연변이가 태어난 것이다. 감정싸움을 부추기는 데에는 자극적인 말처럼 빠른 것이 없다. 당시 여야는 서로를 '대통령의 심부름꾼' '빨갱이의 꼭두각시'라고 칭하며 하루 평균 대여섯 개의 논평을 쏟아냈다. 한미 FTA 비준동의안 통과로 인한 국익의 이해득실이나 피해 계층의 보호 따위는 이미 잊혔다. 의원들 사이에서조차 "여든 야든 협상 당사자를 빼놓고는 합의문 내용 자체에 별 관심이 없더라. 어떤 협상을 해와도 반대했을 것이다"라는 자조가 흘러나왔다.

협상에 대표로 나서는 원내대표나 원내수석부대표에게는 이른바 '모양새'라는 것이 생명이다. 절대 끌려 다니는 모습을 취해서는 안 된다. 그렇다고 너무 강성으로 일관하다가는 국민적 비난을 면치 못한다. 이렇게 본질보다 명분이 중요하다 보니 국회는 적과 동지만이 존재하는 전쟁터가 된 것이다.

얼룩진 국회, 그 책임은?

46일간의 아웅다웅에 마침표를 찍고, 비상대책위원장직 사퇴라는 배수진을 쳤던 민주당 문희상 비대위원장은 다시 가벼운 마음으로 국회로 출근했다. 신문 1면을 화려하게 장식하는 정당 기사가 빵빵 터질 때마다 동반되는 것이 책임론이다. 여야 대립, 강행 처리에 대한 모든 책임론의 결과는 사퇴론으로 이어진다. 그때마다 어두운 얼굴로 "국민의 기대에 부응하지 못하고 실망스러운 결과를 안겨드려 죄송합니다"라며 기자회견을 치르고 협상의 최일선에 섰던 당사자들이 대표 자리에서 내려온다. 과연 국회가 얼룩진 것이 여야 협상에 실패해 몸싸움을 초래한 당 대표의 책임일까?

한술 더 떠 국회의원직 사퇴까지 선언하는 경우도 있다. 2009년 미디어법이 처리됐을 당시에는 민주당 천정배·최문순·장세환 의원은 세비 수령을 거부하며 의원직을 내놓겠다고 선언했고, 2012

년에는 대선 패배의 책임으로 문재인 의원의 의원직 사퇴설까지 흘러나왔을 정도다. 이들은 어쩌면 국회라는 전쟁터에서 폭력을 휘두른 가해자이기보다는 타협의 정신이 사라진 정치 구조의 또 다른 피해자일지 모른다. 오늘날 정치 세태를 보면서 욕하기는 쉽다. 하지만 그들은 국민의 대표로 선출된 일꾼이다. 당선될 때 그러했듯이 내려올 때도 국민의 동의가 필요하다. 굳이 책임을 묻는다면 난장판 국회의 책임 끝에는 그들을 손수 뽑은 유권자가 있는 것이다.

어쩌면 싸움 없이 사이좋은 여야를 기대한다는 것은 영원히 불가능한 일인지 모르겠다.

[10] 선거, 축제? 전쟁!

선거철 유세 현장은 그야말로 다양한 군상의 국회의원 지망생과 유권자들을 만나는 민심의 바로미터다. 오로지 팬심 하나로 생업마저 포기하고 자기 돈 들여 후보를 따라 유세 현장을 누비는 지지자들. 지나가는 초등학생에게도 머리 숙여 인사하며 "집에 가서 어른들께 기호 ○번 찍으라고 말씀드려라. 잘 부탁한다"고 당부하는 후보들. 이기기 위해서는 무엇이든 해야 하는 것이구나 싶어 단상 위의 후보들이 웃고 있어도 내 가슴 한편은 짠하다.

후보들은 상대를 쓰러뜨려야만 자기가 살 수 있기 때문에 죽기 살기 각오로 선거에 임한다. 그중에는 후보로 이름을 올려 선거 레이스를 완주하고 역사의 한 페이지에 기록되는 것 자체에 만족하고 이로써 평생의 꿈을 이뤘다고 생각하는 사람들도 있는 반면, 자신의 정치 생명을 걸고 벼랑 끝 투혼을 발휘하는 사람들도 있다.

총선 격전지 현장 르포

19대 국회의원 총선거가 치러진 2012년은 20년에 한 번씩 찾아오는 총선과 대선이 겹친 이른바 '선거의 해'였다. 이때는 '안철수 신드롬'이라는 신종 정치 현상과 '새 정치' 바람이 겹쳐져 어느 때보다도 선거 열기가 뜨거웠다.

국회방송 기자들의 외근이 가장 많을 때가 바로 선거철이다. 246곳 지역구에서 벌어지는 '각개전투'를 취재하면서 거의 대부분의 후보들을 만난다. 사령부에 해당하는 당 지도부는 서울에서 전쟁을 지휘한다. 이들은 중앙 관제탑에서 매일매일 상황을 살피고 세가 밀리는 지역에 지원세력을 급파한다. 지원세력의 절대적인 힘을 받기 전까지 지역구는 철저히 나 홀로 싸움이다.

그중 인상 깊었던 곳은 종로. '정치 1번지'답게 여야 거물들이 출격했다. 산업자원부 장관을 거쳤고 야권의 잠룡으로 분류되는 4선의 정세균 후보와, 국회부의장 출신이자 친박계 좌장 6선의 홍사덕 후보가 맞붙었다. 일찌감치 출사표를 던진 정세균 후보와 달리 홍사덕 후보는 상대적으로 뒤늦게 적진에 뛰어든 셈이었다. 정세균 후보는 출마를 선언하자마자 기호 2번 명함을 한 아름 안고 바닥 훑기 유세를 시작해 지역에서 제법 지지기반을 마련한 상태였다. 선거 유세 현장을 동행 취재할 때 나는 속으로 '호남 정치인이 서울에 출마하다니…. 너무 무리수 띄운 것 아닌가' 생각했는데 의외로 종로 지역민들의 반응이 정세균 후보에 호의적이었다. 정세균 후보는 선거 사무실도 이순신 동상이 자리 잡은 광화문 광장 한복판 명당에 마련했다. 공교롭게도 이 지역구의 새누리당 박진 전 의원 사무실과 대각선으로 마주보는 구도였다.

출발 레이스부터 뒤처졌던 새누리당 홍사덕 후보는 정치 베테랑답게 보다 전략적인 선거 유세 방법을 택했다. 지역 노인정을 돌며 기존 보수 세력부터 챙겼고, 재래시장에서는 상인의 손을 일일이 맞잡으면서 "평생 일만 한 사람입니다. 믿어주십시오"라고 말했다. 붉은색의 새누리당 선거용 외투는 벗어놨다. 정당론보다 인물론을 내세워 특유의 신사적인 이미지를 어필하려고 했던 것이다. 총선을 나흘 앞두고는 72시간 연속 유세에 돌입하는 저력도 보였다. 일명 '태풍 유세'라는 이름으로 잠도 안 자고 지역 곳곳을 누볐다. 주로 야간에 활동하는 포장마차 상인, 손님들이나 택시 운전기사들을 찾아다니며 표심에 호소했다.

종로는 윤보선·노무현·이명박 등 역대 대통령만 3명 배출한 지역이고, 1998년 보궐선거에서 노무현 전 대통령이 당선된 것을 제외하면 줄곧 새누리당에서 의원을 배출한 지역이어서, 이 선거는 그야말로 두 정당의 자존심 대결로도 압축될 수 있었다. 결과는 정세균 후보의 승리였다. 승자가 있으면 패자가 있는 법. '약육강식' '2등은 기억하지 못하는 세상' 공식은 정치권에도 예외 없이 적용된다. 하지만 종로에서 치열하게 싸운 두 정치거물의 모습에는 승패를 떠나 그들의 열정에 박수를 보내기 충분했다.

이기기 위한 전투 방법, 네거티브

전쟁터에서 승리하려면 무엇보다 싸움 방식을 잘 선택해야 한다. 전장에 나갈 때 기본 무기는 뭐니 뭐니 해도 정책 공약이련만 유권자들의 표심을 결정적으로 가르는 것은 '의혹'과 '폭로'이다. 상대의 약점을 물고 늘어져 진흙탕싸움을 자초하는 일명 물귀신 작전이다.

여야의 거물이 맞붙어 초반부터 치열한 접전을 예고한 충북의 한 지역구는 그야말로 요란한 선거를 치렀다. 자고 일어나면 새로운 의혹들이 빵빵 터졌고 급기야 한쪽에서는 '상대 후보가 안 되는 이유 10가지'를 기자들에게 보내기도 했다. 이런 네거티브전에 대비해 각 캠프에서는 미디어를 담당하는 공보단을 꾸린다. 공보단은 선발대 역할을 하는데 돌발 상황에 즉각 대처하고 필요하면 상대방에 대한 공격과 수비까지 하는 첨병 역할을 도맡는다.

이때 주로 언론을 적극 활용한다. 캠프는 언론을 매개체 삼아 상대방과 공방을 주고받는다. 의혹이 터지는 곳도 언론이고 해명할 수 있는 통로도 언론이다. 상대를 공격하는 이유는 상대에 대한 '부정'을 통해 자신을 향한 '강한 긍정'을 이끌어내기 위해서다. 아직 마음을 정하지 못한 부동층에게는 결정적 한 방이 될 수 있기 때문에 이보다 좋은 전략도 없다.

네거티브 전략의 대표적인 방법은 상대 후보의 '인품, 기록, 견해'를 공격하는 것이다. 새누리당은 노원 갑에 출마한 민주당 김용민 후보의 과거 인터넷방송 '막말'을 문제 삼았다. 김용민 후보의 과거 발언 기록을 통해 그가 어떤 견해를 가진 인물인지 유권자들이 판단하라는 주문이었다. 때문에 김용민 후보는 초반 높은 지지율에도 불구하고 후보 사퇴니 사과니 하는 여론의 뭇매를 맞아야 했다. 반사이익으로 당선된 새누리당 이노근 후보는 총선이 끝난 직후 당선인 인사를 통해 "다음 대선에 대비해 나꼼수 대항세력으로 당내 트위터부대를 창설하자"고 제안하면서 보수의 아이콘임을 자처했다.

이에 맞서 민주당은 문대성 새누리당 후보의 논문 표절 의혹을 제기해 도덕성에 흠집을 냈다. 논문 표절이 어제오늘의 일은 아니지만 총선 기간 예민한 후보들에게는 큰 타격이 될 수 있다. 결국 문대성 후보는 새누리당의 이름으로 당선됐지만 곧바로 탈당돼 무소속 의원이 됐다. 이처럼 새누리당은 김용민 후보의 막말을 비난함으로써 여성, 노인, 기독교의 편이 자신들이라는 것을 강조했다. 민주당은 문대성 후보의 논문 표절 의혹을 제기하면서 도덕적인 우월성을 외쳤다.

투표일이 임박할수록 이런 네거티브 전략은 극에 달한다. 상대 후보에게 해명의 기회를 주지 않기 위해서다. 선거 때마다 어김없이 반복되는 현상이다. 그러나 네거티브 전략은 유권자에게 강한 인상을 심어주는 만큼 신중할 필요가 있다. 검증이라는 미명하에 상대의 팬티 속까지 들여다보려는, 그나마도 거짓이 대부분인 흑색선전들이 난무하다 보니 선거가 이미 끝난 후 뒤늦게 진실이 밝혀지는 경우도 허다하다.

또 다른 전투 방법, 무시하기

상대 후보를 철저히 무시하는 방법으로 꿋꿋하게 선거일정을 마치는 후보도 있다. 주로 정치 신인과 3선 이상의 중진급이 맞붙었을 때 이런 작전을 쓴다. 총선 열기가 절정에 달한 2012년 4월 초, 서울의 한 지역구를 찾았다. 격전지를 분석하는 기사인 만큼 여야 후보를 모두 만나고 SWOT(장점, 단점, 기회, 위협 요소)을 분석해야 했다. 한쪽 후보는 이 지역구에서 내리 3선에 도전하는 지역 잔뼈가 굵은 중량급이었다. 게다가 당 전문위원으로 시작해 대변인, 정책위의장 등 요직을 두루 거친 인물이었다. 반면 상대 후보는 당내에서 지역 당협위원장을 거치긴 했지만 인지도나 지지도가 한참 뒤지는 신인급에 불과했다.

지역구의 한 로터리에 도착하니 신인급 후보의 차량 유세가 한창이었다. 순조롭게 인터뷰를 마치자마자 같은 자리에 다른 후보가 도착했다. 두 후보가 시간차를 두고 로터리를 찾은 것이다. 그런데 좀 전과는 달리 중량급 후보는 상대 후보와 묶어서 기사를 내보내는 것이라면 인터뷰에 응할 수 없다고 철저히 거부했다.

그날 하루 취재를 공치게 되면 데스크에 보고할 일도 깜깜하고 또한 다른 지역구를 기웃거려야 해서 어떻게 해서든 후보의 마음을 되돌리고자 달래보기도 하고 빌어보기도 했다. "저쪽 후보는 살짝 언급만 해주고요, 후보님 위주로 기사 나갈 겁니다." "이러시면 제 아이템 날아가고 사무실 들어가서 깨져요. 좀 도와주세요."

하지만 완강했다. 보좌관 한 명은 목소리까지 높여가며 허락 없이 보도 나가면 가만두지 않겠다고 엄포까지 놓았다. 언론이 그 지역구에 주목할수록 상대만 띄워주고 자신의 표는 깎아먹기 때문이다. 상대를 홍보해주느니 조용히 한 명 한 명 만나는 작전으로 표를 늘리겠다는 전략이다. 10년 넘게 지역구를 다져온 후보가 이름 석 자도 생소한 상대 후보를 거들떠볼 리가 없다. 언론의 관심이나 보도도 아쉬울 리가 없다.

마지막 전투 방법, 묻어가기

대부분 후보들은 뜬구름 잡는 허무맹랑한 공약보다는 실현 가능한 공약으로 신뢰성을 심어준다. 실현 가능성 제로인 공약으로 괜히

매니페스토실천본부나 시민단체의 공격을 받느니 무난하게 가자는 전략이다. 그래서인지 굵직한 지역사업뿐 아니라 어지간한 공약들은 거의 겹친다. 일종의 '묻어가는 전략'이다. 선거의 승패를 가르는데 후보들이 내세운 공약은 단 1할에 불과하지만 격전지의 경우라면 1할도 크게 작용될 수 있다. 그래서 초박빙의 지역구는 후보들의 공약이 형제자매처럼 닮아 있다는 공통점이 있다.

경기도의 한 지역구는 선거운동 기간 내내 조사할 때마다 지지율이 뒤바뀔 정도로 접전 지역이었다. 여야 두 후보는 공약부터 유세 방식까지 좋아 보이는 것은 모두 따라했다. 상대 후보 공약이 새로운 게 나오면, 슬쩍 공약집을 수정했고, 유세 일정은 시시각각 수정됐다.

선거가 축제일 순 없을까

미국 링컨 대통령은 "투표는 탄환보다 강하다"라는 말을 남겼다. 유권자의 현명한 한 표 한 표가 얼마나 소중한지를 일깨우는 말이다. 그러나 우리의 현실은 얼굴 가득 인상 쓰고 주먹을 휘둘러가며 소리 질러 유세하는 후보, 동원인지 자발인지 모르지만 주최 측이 나눠준 플래카드나 보드 하나씩 들고 후보 유세 끝말에 맞춰 박수 치는 관중들의 모습이 익숙하다. 그리고 유세 현장을 지나는 주민들과 상인들은 시끄럽다고 귀를 틀어막는다. 투표하겠다는 의지가 솟기는커녕 선거철 유세 과정 자체가 국민들에게는 스트레스인 것이다.

선거가 축제가 될 순 없을까. 록 페스티벌이나 영화제처럼 유권자들이 들뜬 마음으로 유세장을 찾고, 다녀오고 나면 마치 홍대 클럽을 다녀온 듯 하루의 스트레스가 해소되는, 마냥 즐겁고 유쾌한 축제를 기대하는 것은 너무 앞선 바람일까. 다행스럽게도 대학가를 중심으로 민주주의 축제를 향한 작은 움직임이 시작되고 있다.

얼마 전 인터뷰에서 만난 이화여자대학교 에코과학부 최재천 석좌교수는 요즘 학교에 건강한 선거문화를 갈망하는 젊은이들의 모임이 생겨났다고 귀띔했다. 그 이름은 바로 이화여대 젊은선거문화기획추진위원회. 젊선위는 학교 축제 기간, 캠퍼스에 부스를 마련하여 글로 배우는 선거가 아닌 몸으로 익히며 배우는 선거를 알리는 데 주력했다. 대학생들이 자발적으로 올바른 선거문화의 발전을 위해 노력하는 모습이 존경스러웠다.

또 파주 헤이리 예술마을에 가면 연세대학교 신명순 교수가 운영하는 '아고라 정치박물관'이 있다. 세계 40여 개국에서 직접 수집한 선거 포스터와 우리나라 선거 관련 자료들을 전시하고 있다. 오늘날에는 선거법상 이행할 수 없는 후보자 사진을 첨부한 홍보 달력, 문맹자가 다수였던 유권자를 위해 후보자 기호를 쓰지 않은 선거 포스터 등 귀중한 역사적 자료를 확인할 수 있다.

또한 그곳에 가면 2000년 미국 대통령 선거에서 앨버트 고어 후보가 총 투표에서 이기고도 선거인단 투표에서 져서 조지 부시에게 대통령 자리를 내주게 된 사례, 간선제를 통해 남아프리카공화국 최초 흑인 대통령이 된 넬슨 만델라의 사례, 과거 포퓰리즘의 어원이라고 할 수 있는 아르헨티나 후안 페론의 이야기를 신명순 교수의 친절한 설명으로 들을 수 있다.

11 여론조사 믿을 만합니까?

"지역구 국회의원으로 어느 후보에게 투표하시겠습까?" 2012년 4·11 총선거를 앞두고 내가 받은 전화다. 아마도 내 기억에 "지금 바쁩니다!" 하고 냉큼 끊어버린 듯하다. 그런데 선거철 각종 설문조사에 성실하게 끝까지 답변하는 사람이 몇이나 있을까.

정치권을 뒤흔드는 변수, 여론조사

민심의 향배를 가늠해보는 데 여론조사만 한 게 없다 보니, 각 정당들은 후보 공천 단계부터 여론조사를 반영하고 있다. 뿐만 아니라 대통령 선거판에서까지 여론조사가 결정적 한방으로 작용하고 있다. 2002년 대통령 선거판을 뒤흔든 이 장면 기억하는가. 심야의 포장마차 러브샷. 선거를 불과 한 달 앞두고 당시 민주당 노무현 후보와 국민통합 21의 정몽준 후보는 여론조사를 통한 후보 단일화를 약속한다. 결과는 46.8 대 42.2로, 4.6퍼센트포인트라는 근소한 차로 대선 티켓을 거머쥔 노무현 후보는 16대 대통령으로 당선됐다.

이후 여론조사는 대통령 선거에서도 결정적이었다. 민심이 당심을 눌렀다는 2007년 한나라당 대통령 후보 경선. 당시 이명박 후보는 현장 선거인단 투표에서 박근혜 후보에 뒤졌지만 여론조사에서 앞서 당 후보로 선출됐고 결국 청와대행을 확정 지었다.

여론조사는 이젠 선거에서 결정적인 잣대가 되었지만 이를 맹신했다가는 낭패를 볼 수도 있다. 선거철은 여론조사 기관에게 대목이다. 정당이나 언론사의 의뢰로 크게는 수천만 원짜리 여론조사가 실시된다. 그런데 문제는 언론사마다 여론조사 결과가 달라 적게는 1퍼센트포인트 많게는 10퍼센트포인트 이상 큰 격차를 보이기도 한다는 점이다. 심지어 1, 2위 후보가 여론조사 기관별로 다르게 나타나기도 한다. 시기, 규모, 또 조사할 때 집전화와 휴대전화를 함께 조사했는지 여부에 따라 차이가 크기 때문이다.

여론조사 결과에서 가장 중요한 것은 응답률인데, 보통 적게는 5퍼센트에서 많아봤자 10퍼센트대를 넘지 못하는 경우가 허다하다. 또 집전화만 조사했을 경우 2~30대의 의견이 누락될 수 있다. 게다가 여론조사 설문 문항을 어떻게 작성하느냐에 따라 결과도 천차만별이다. 다시 2007년 한나라당 대통령 후보 경선으로 돌아가보자. 이명박 후보는 "차기 대통령 후보로 누구를 선호하느냐"의 선호도 방식을, 박근혜 후보는 "내일 투표를 한다면 누구를 지지하겠느냐"고 지지도 방식을 주장했다. 신경전 끝에 선호도 방식으로 합의했는데, 결과는 이명박 후보의 승리였다.

여론조사, 조작도 가능하다?

여론조사가 믿을 만한 것인지 아닌지에 대해서는 의견이 분분하지만, 그 결과가 당락을 가르는데 결정적 역할을 한다는 것은 분명해 보인다. 사정이 이렇다 보니 누군가는 여론조사에 목숨을 걸고 조작까지 감행하기도 한다. 19대 국회의원을 뽑는 2012년 4·11 총선거가 끝난 직후, 여론조사 기관에서 근무하는 실무자가 한 언론에 제보한 내용이 화제가 됐다. 이 제보자는 "여론조사 결과를 의도적으로 조작해 판세를 유리하게 끌고 가는 사례가 발생하고 있다"고 주장했다. 실제 지지도 차이가 크게 나지 않았는데 조직력을 앞세워 여론조사 결과를 유리하게 만들어 배포한 뒤 유권자의 판단을 흐리게 한다는 것이다.

실무자는 또 "마음만 먹으면 얼마든지 조작이 가능하다"고 했다. 여론조사 기관도 이익을 창출하기 위한 집단이므로 돈을 지급하는 의뢰인 측의 입맛을 충족시킨다는 것이다. 방법은 간단했다. 여론조사 결과에 원하지 않는 설문은 반영하지 않고, 원하는 것만 반영시켜 그것이 전부인 것처럼 수치화하는 식이다. 또 원치 않는 결과가 나왔을 때는 척도 스케일을 바꿔 눈을 현혹시키는 방법도 있다. 100점 만점에 70점과 5점 만점에 3.5점은 받아들이는 데 엄청난 온도 차가 있다. 여론조사 결과를 미리 작업하는 경우도 있다. 의뢰인과 협상할 때 설문지를 유리하게 만드는 방법이 일반적이다. 보통 보기를 줄 때 가나다순으로 나열하지만 의뢰인을 유리한 1번으로 하여 상대 비교에서 우선순위를 준다. 또 의뢰인에게 유리한 보기를 우선순위에 배치하고 가중치를 높인다고 폭로했다.

전화 조사도 조작이 손쉽다고 한다. 일반적인 여론조사는 KT전화번호부에 올라와 있는 집 전화번호를 무작위로 골라 전화를 걸어 실시한다. 그런데 우리나라 집전화 등재 가구가 50퍼센트밖에 되지 않는데다 걸려온 ARS전화를 받아주는 사람이 거의 없다는 것이 문제다. 재미있는 것은 KT등재 방식만을 사용했을 때는 보수층들의 응답률이 높았다. 집 전화번호를 대상으로 하루 종일 여론조사가 진행되다 보니 응답하는 사람들은 자영업자나 노인들이 대부분. 즉 응답자 성향이 보수성을 띠는 경우가 많았다.

2010년 지방선거부터는 RDDrandom digit dialing방식을 적용했지만 결번이 많아 응답률이 20퍼센트도 안 된다. 또한 받더라도 스팸 광고의 홍수 속에 귀찮은 듯 끊어버리는 경우가 많다. 이런 문제를 개선하기 위해 최근에는 휴대전화를 대상으로 조사원들이 전화 면접 조사를 직접 실시하기도 한다.

대표적인 예가 2012년 총선거를 앞두고 통합진보당 이정희 전 대표가 민주당 김희철 의원과 후보 단일화를 하기 위해 실시한 여론조사 방식이다. 이 전 대표의 캠프에서 지지자들로 하여금 집전화를 휴대전화로 대규모 착신 전환해 응답률을 높이도록 했고, 조사원들의 질문에 연령대를 속여서 대답하도록 했다. 이 전 대표가 마치 전 계층에서 지지를 받고 있는 것처럼 보이기 위해서다.

대포 전화 수백 대를 사무실에 개설해 전화회선 수백 개를 사서 여론조사 실시 시점에 맞춰 대기하고 있다가 무작위로 걸려 오는 여론조사 기관의 전화를 낚아채는 수법을 쓰기도 한다. 또 일종의 말장난으로 여론조사 결과를 조작하기도 한다. 원하는 응답을 유도하는 것인데 대선주자 인지도 조사인 경우, 예를 들어 문재인 후보와 김두관 후보처럼 비슷한 보기 사이에서 고민하는 사람들에게 문재인 후보를 띄워주는 조사라면 '문재인이요?' 하고 재차 물으면 대부분 '네'라고 반사적으로 대답하게 되는 심리를 이용하는 것이다.

나도 모르게 믿게 되는 여론조사

이쯤 되면 여론조사는 민심의 바로미터가 아니라 민심의 '미꾸라지'라 불릴 만한데, 사안의 파급력에 비하면 제재가 너무 솜방망이다. 여론조사 기관이 조사결과를 3~6개월 보유하고 있기는 하지만 감사가 진행되는 경우는 거의 없다. 녹음도 100퍼센트하는 것이 아니라 30퍼센트만 하기 때문에 크게 문제되지 않는다는 게 업계 반응이다.

정치권 또한 여론조사는 어디까지나 오차를 포함한 추정치일 뿐이라는 것을 알면서도 지지율 1퍼센트 차이에 울고 웃는다. 여론조사 결과가 유권자의 판단을 결정하는 주요 변수로 작용하고 판세를 읽어가는 중요한 잣대로 자리매김한 이상 미덥지는 않지만 영 무시할 수만은 없는 것이다. 여론조사는 결과 자체의 영향력보다 그것이 언론을 통해 공표되면서 갖게 되는 영향력이 더 막대하다. 나 또한 기자이기 이전에 한 사람의 유권자이기에 정치권이나 언론에서 여론조사 결과를 정치화하는 데 나도 모르게 현혹되고 있다. 여론조사란 흐름을 보는 것이고, 상황의 스냅사진에 불과한데도 여론조사 결과만을 발표하는 경마식 보도에 익숙해져 있다. '국민의 뜻'이라는 것이 과연 실체가 있는 것인지조차 궁금해진다.

정치권에는 여론조사 결과가 보이지 않는 선거 전략으로 작용하고 있다. 1987년 16년 만에 부활한 국민 직접선거에서 여론조사를 통해 노태우 후보가 대선을 승리로 이끈 사례, 1997년 이인제 후보가 이회창 후보보다 앞선 여론조사 결과로 경선에 불복하고 대선에 출마했지만 결국 고배를 마신 사례, 2002년 선거 사상 최초로 여론조사를 통해 노무현 후보와 정몽준 후보 간 단일후보를 결정한 사례 등이 그것이다.

현행 공직선거법에서는 선거 6일 전부터 언론사 여론조사 공표를 금지하도록 하고 있다. 그런데 중앙선거관리위원회가 선거일 하루 전까지 여론조사를 공표할 수 있도록 하는 개정안을 제시하면서 논란이 뜨겁다. 선관위가 내세운 이유는 SNS(소셜네트워크서비스)의 발달로 여론조사 공표 금지 기간에도 출처가 불분명한 각종 여론조사 결과가 대거 유포되는 등 문제점이 나타나기 때문에 부작용을 줄이기 위한 조치라는 설명이다. 이 같은 내용의 법률 개정안은 민주당 배재정 의원 대표 발의로 이미 국회에도 제출되어 있다. 개정안은 응답률 20퍼센트 미만의 선거 여론조사는 공표·보도를 금지하고 여론조사 공표·보도 시 응답률을 포함해 보다 자세한 정보를 공개하도록 하고 있다.

공직선거법 개정이 현실화된다면 선거 전날까지 쏟아지는 각종 여론조사 결과 속에서 소신 있게 표를 던지는 것은 결국 유권자의 몫이 된다. 아직 누굴 뽑을 것인가 마음의 결정을 내리지 못한 상황에서 'A 후보 지지율이 더 높다더라' 하는 정보는 귀가 솔깃하기에 충분하다. 특히 상대 후보의 지지율이 더 높게 나타나면 '남들은 A 후보를 선호하는구나. B 후보 지지자는 나밖에 없는 건가? 내가 이상한 건가?' 하는 묘한 군중심리에 휩쓸리게 된다. '대세가 A 후보라는데 그 사람이 정말 괜찮은 사람인가 보구나' 하고 믿게 되는 것이다.

무시할 수 없는 여론의 힘

여론조사 자체는 조사 방법의 허점과 그 신뢰성 문제 등으로 믿거나 말거나 한 것에 불과할 수 있다. 하지만 여론이란 것에 대해서는 좀 더 진지하게 생각해볼 필요가 있다. 한 정치 평론가는 유권자의 표가 필요할 때 권력은 마지못해 여론을 두려워하는 시늉을 하지만, 사정이 바뀌면 태도를 바꾸기 일쑤라고 현 정치 행태에 대해 일침을 가했다. 또 국민의 목소리를 부담스럽게 생각하고 귀를 닫는다고 개탄했다. 이들은 여론이 비전문적이고 비효율적이며 과도하다고 생각한다. 이렇게 여론을 멀리하는 권력에게 국민은 일방적으로 사랑을 베풀지 않는다. 국민은 여론을 거스르며 독선과 아집으로 밀어붙이는 권력으로부터 냉정하게 돌아설 것이다.

로마시대에 여론은 '백성의 소리'로 인식됐고 서양의 절대주의 시대에도 '인민의 소리는 신의 소리'라고 했다. 민심은 곧 천심天心으로 받아들여져 과거 조선시대 왕들은 밤거리를 잠행하기도 했다. 율곡 선생이 '공론'이라 일컬은 것도 현대적 의미의 여론이었다. 율곡 이이는 '백성이 다 같이 옳다고 하는 것'이 여론이라 했다. 여론이란 '세상 일이 지향해주기를 바라는 방향'인 것이다.

12 정치하려면 돈이 얼마나 들죠?

"정치인 펀드, 수익 괜찮나요? 그 후보가 떨어지면 돈 못 받는 거 아녜요? 정치인 테마주 중 추천 좀 해주세요." 기자로서 내가 들었던 질문 중에 가장 어려운 질문이었다. 명색이 정치부 기자인데 잘 몰랐기 때문이다. 또 "정치하려면 돈 많이 들죠? 얼마나 드나요?"는 답하기 곤란한 질문이었다. 흔히 돈 있어야 정치한다고, 그래서 검은돈도 꿀꺽하는 게 정치인이라고 생각해온 우리. 그런데 정말 정치하려면 돈이 많아야 할까? 또 정치인 펀드는 투자해도 괜찮은 걸까? 정치와 돈을 둘러싼 여러 가지 이야기를 해보고자 한다.

정치인 펀드 모집 뒤에 숨겨진 진실

정치를 하는 데는 돈이 필요하다. 선거 기탁금도 필요하고, 지역구 사무실 임대료에 운영비 등으로 들어가는 경비만 해도 어림잡아 월 1,000만 원에 달한다. 지역구 동호회니 동창회, 체육회에 나가 밥을 사는 일도 허다하다. 물론 계산할 때는 의원이 아닌 다른 사람이 하지만 결국 사무실 비용으로 처리된다. 국회의원이 받는 세비가 한 달에 1,200만 원 정도, 연간 후원금은 1억 5,000만 원 한도이지만 세비와 후원금으로 버티기는 쉽지 않은 일이라고 한다.

선거 때는 더하다. 우리나라 기상캐스터의 살아 있는 전설이라 할 수 있는 김동완 씨는 최근 방송에서 선거자금으로 40억 원을 탕진했다고 밝혔다. 돈 벌어서 정치하면 패가망신한다는 속설대로 모아뒀던 재산을 탕진하고 빚더미에 앉게 됐다는 충격적인 증언이다.

도대체 선거자금이 얼마나 많이 들어가길래 그런 걸까. 선거 때는 연간 후원금을 모집할 수 있는 한도가 3억으로 늘어나지만, 브로커 같은 물밑운동원에게도 선거 전후로 활동비를 지급해야 하기 때문에 후보들의 지갑은 빠듯하다고 한다. 한 지역구당 수십 개의 동이 있고 그 동을 담당해 선거운동을 해줄 동 책임자를 둬야 하는데 대개 활동비로 100만 원 정도를 지급한다. 국회의원 선거를 준비했던 한 후보는 "19대 총선 평균 법정 선거비용이 1억 3,000만 원 정도라면 실제로는 3~4배 더 든다고 보시면 됩니다. 많이 드는 지역구는 10~20배도 든다고 하던데요"라며 돈이 없으면 정치하기 힘든 것이 현실임을 확인시켜주었다. 지방자치단체장의 선거비용은 40억 원, 대선은 560억 원 정도가 소요된다.

돈으로 금배지를 살 수 있다?

총선 때마다 여의도에서는 "어느 당 비례대표는 몇십 억 내고 들어왔다더라"는 소문이 들린다. 돈 내고 금배지 산다는 말도 마치 정설처럼 떠돈다. 이유는 간단하다. 유권자들에게 직접 선택을 받는 지역구 의원에 비해 비례대표 의원 선출 절차는 공천만 받으면 게임이 끝나기 때문이다. 이렇다 보니 정당마다 구성된 공천심사위원회와 최종 결정권을 가진 당 지도부 몇 명만 구워삶으면 돈으로 금배지를 살 수 있다고 생각하는 것 같다.

실제로 현금-금배지 빅딜 사건은 총선 때마다 등장한다. 2008년 18대 총선에서는 대선 후보이기도 했던 창조한국당 문국현 대표가 공천 대가를 받아 의원직을 상실했고, 2012년 19대에서는 새누리당 현영희 의원이 공천심사위원이었던 현기환 전 의원에게 거액을 건네려 했다는 의혹이 불거졌다.

19대 공천 전쟁이 시작되기 전 나는 전문 분야를 인정받아 비례대표 의원으로 입성한 모 의원을 만났다. "19대 선거 준비하셔야죠, 지역구는 결정하셨어요?"라고 물으니 "아유, 그 돈 많이 드는 걸 왜

해? 한 번 했으면 됐지"라며 손사래를 친다. "말이 나왔으니 말인데. 내가 국회의원이 된 4년 동안 무슨 질문을 제일 많이 받았는 줄 알아? 얼마 주고 들어갔냐고! 물 흐리는 미꾸라지 몇 놈 때문에 억울해 죽겠어."

정치인에게 투자하는 방법, 정치인 펀드

정치를 하기 위해선 돈이 필요한 현실. 정치인 펀드는 이처럼 돈이 없는데 어떻게 법의 테두리 안에서 선거비용을 만들까라는 고민에서 출발했다. 2010년 지방선거에서 유시민 후보는 경기도지사 선거에 드는 비용을 국민에게 빌려보자는 아이디어를 냈다. 원래 펀드라는 것은 일반 금융이나 증권사에서 판매하는 상품이지만 '유시민 선거모금'은 영 밋밋해서 '유시민 펀드'라는 이름을 붙였다고 한다. 이렇게 시작된 정치인 펀드는 국민의 뜨거운 관심과 사랑을 받았다. 2011년 서울시장 보궐선거에서 박원순 펀드는 39억 원을 조성하는 기염을 토했고, 2012년 18대 대선 후보들의 이름을 건 펀드들도 공모를 시작하자마자 불과 며칠 만에 수만 명이 몰리며 목표액인 수백억을 가볍게 돌파했다.

정치인 펀드의 핵심은 국민에게 십시일반 빌린다는 것이다. 법정 선거비용이 들어올 것을 예상해 이루어지는 개인 간 금전거래다. 이 채권채무관계는 일정 금액을 일정 기간 사용하고 이자를 더해서

다시 갚는 구조다. 철저한 자본주의와 깨어 있는 시민의식이 합쳐져 만들어낸 산물로, 정치인 펀드는 '쩐의 전쟁'인 우리나라 선거구조에서 정치인들에게 한 줄기 빛이다.

여기에는 또 단순히 선거비용을 마련하는 것을 넘어서는 복합적인 목적도 담겨 있다. 뚜렷하게 지지하는 후보가 있는 사람이건 없는 사람이건 정치인 펀드에 참여하면 자연스럽게 해당 후보에게 투표하게 된다고 한다. 사람은 자신의 태도와 행위 사이에서 심리적 조화를 추구한다는 일관성이론consistency theory과 일맥상통하는 것이다. 박원순 서울시장 후보 캠프에 참여했던 한 인사는 당시를 회상하며 "아무것도 없었는데 펀드를 통해 돈도 조직도 다 얻었다. 펀드를 통해 돈을 모으고 마음을 얻기도 한다. 참여자들이 곧 지지조직이 됐다"라고 말했다. 돈 가는 곳에 표심도 따라가는 셈이다.

프레이밍이론framing theory도 나타난다. 언론학 개념인 이 이론은 미디어가 사회적 이슈나 사건을 보도하는 과정에서 특정 이미지(프레임)를 생산해 제공하고 시청자나 독자는 이를 '사안을 분석하는 틀'로 사용하게 된다는 것이다. 18대 대선에서 민주통합당 문재인 후보가 "국민께만 빚을 지겠다"며 정치인 펀드를 모집한 것이 그 대표적 예다. 문 후보의 말을 들은 유권자들은 정치인 펀드를 조성하지 않은 후보는 검은돈으로 선거비용을 조달하는 것처럼 느낄 수도 있다.

이 때문일까. 개인 돈이 많은 의원들도 개인 돈을 정치자금으로 쓰지 않겠다고 선언했다. 국회의원 재산 순위 부동의 1위 새누리당 정몽준, 2위 고故 고희선 의원에 이어, 세 번째로 부자인 무소속 안철수 의원이 그 주인공이다. 안 의원은 2013년 재보궐 선거에서 사무실 임대비와 공보물 제작 등 최소한의 예산을 제외하고는 가급적 돈을 쓰지 않는 긴축재정을 했다. 선거캠프는 무급 자원봉사자를 중심으로 운영돼 인건비가 거의 들지 않았다고 한다. 안 의원 측은 앞으로도 정치에는 개인 돈을 쓰지 않을 방침이라고 밝혔다. '짠돌이' 소리를 들을지라도, 돈 선거를 방지하고 정치자금을 투명화해야 한다는 안 후보의 '새로운 정치' 철학 때문이라고 한다.

지지하는 후보에게 자발적으로 투자하는 데는 이 사람을 꼭 당선시켜야겠다는 의지까지 포함되어 있다. 자발적 금전 자원봉사자가 되는 것이다. 게다가 적게나마 수익률을 올릴 수도 있다. 펀드에 참여하는 국민들은 후보에 대한 지지뿐만 아니라 자신이 선택한 사람에 대해 공약도 확인하고 진정성도 가늠해보면서 많은 것을 학습하게 된다. 단순한 기부를 넘어 또 다른 정치 참여이고, 내가 지지하는 정치인이 활동할 수 있도록 도와주는 것이다.

정치 테마주의 진실

정치인에 투자하는 또 다른 방법, 정치 테마주가 있다. 이는 일반 주식투자로, 유력 정치인이 특정 기업을 띄울 수 있다고 믿고, 또 거기에 사람들이 베팅을 하는 것인데, 일반적인 투자의 시각에선 납득이 안 가는 구조다. 테마주는 다르게 말하면 루머주다. 루머에 의해서 주가가 급격하게 올랐다가 신속하게 빠진다. 흔히 ○○테마주로 불리는 것들의 면면을 살펴보면, 후보의 동생이 운영하는 회사, 후보 캠프 인사의 회사 같은 것도 있지만 후보가 소속됐던 법무법인의 고객사, 후보와 대학 동문인 회장의 회사, 후보와 친하다는 인물의 장인이 운영하는 회사까지 리스트에 올라 있다. 물론 상관관계는 알 수 없다. 후보가 저출산 대책을 발표하면 유아복 회사들은 떼로 그 후보의 테마주 리스트에 오르고, 후보가 개성공단 관련 발언을 하면 개성공단 입주업체들이 리스트에 올랐다.

18대 대선 당시 대표적 안철수 테마주였던 안랩은 13만 7,000원까지 치솟았다가 야권 단일화 이후 3만 2,000원까지 폭락했다. 석 달 사이에 1조 원이 증발했다. 테마주는 악재에만 폭락하지 않는다. 호재에도 폭락하고 가끔은 악재에도 오르는 전형적인 작전주다. 박근혜 대통령 취임식날 박 대통령 테마주로 분류된 보령메디앙스는 가격제한폭까지 떨어졌다.

그런데 테마주에 잘못 투자하면 낭패를 본다는 걸 뻔히 알면서도 같은 일은 반복된다. 잊을 만하면 정치 테마주 광풍이 분다. 대선의 해였던 2012년, 정치 테마주에서 빠져나간 돈은 23조 원이다. 교묘한 작전 세력과 부화뇌동하는 개인 투자자들, 결국 피해는 개미 투자자들이 떠안았다.

13 선거를 둘러싼 다양한 속설들

대한민국은 1987년 대통령 직선제 개헌 이후 2012년까지 6번의 대선을 치렀다. 그 과정 속에서 다양한 속설과 법칙이 생겨났다. 승자들에게서만 엿볼 수 있었던 '필승 법칙'은 과연 18대 대선에서도 통했을까?

투표율이 높으면 야권 후보가 유리하다?

18대 대선 당일 오후, 투표율이 예상치를 훨씬 뛰어넘자 새누리당은 '멘붕' 상태에 빠졌다. 당직자들은 밥을 넘기지 못했다. 새누리당 당직자들은 '투표율이 심상치 않게 높다. 우리 지지층이 투표하게 하는 것만이 유일한 대책'이라는 문자를 보냈다가 당시 민주통합당에게 적발당하기도 했다. 반면 민주당은 높은 투표율에 고무적인 모습을 보였다. '오히려 긴장하고 있다'며 엄살을 피우는 여유까지 부렸다. 투표율이 높으면 야권 후보가 유리했던 경험 때문이다. 일부 선거 전문가들은 구체적인 수치, 68~72퍼센트가 골든크로스 golden cross(지지율 역전 지점)가 될 것이라 지목하기도 했다.

1997년 15대 대선 이후 투표율이 70퍼센트를 넘은 대선에서는 모두 진보 진영 후보가 승리했다. 투표율 80.7퍼센트였던 15대 대선에서는 김대중 후보가 이회창 후보를, 투표율이 70.8퍼센트였던 2002년 16대 대선에서는 노무현 후보가 이회창 후보를 각각 눌렀다. 이명박 후보가 정동영 후보에게 승리한 2007년 17대 대선의 투표율은 63.0퍼센트에 그쳤다. 18대 대선 투표율은 예상을 뛰어넘은 75.8퍼센트. 지금까지 각종 선거에서 높은 투표율은 새누리당의 패배를 뜻했지만 18대 대선 결과는 정반대로 나타났다.

같은 지역 출신은 연이어 대권을 쥘 수 없다?

1987년 대통령 직선제가 부활한 이후 같은 지역 출신이 두 번 연속 대통령이 될 수 없다는 일명 '출신지 퐁당퐁당 징크스'도 18대 대선에서는 깨졌다. 노태우(대구·경북)-김영삼(부산·경남)-김대중(호남)-노무현(부산·경남)-이명박(대구·경북) 대통령 이런 식으로 매번 출신 지역이 바뀌었지만, 박근혜 후보의 당선으로 대구·경북 출신이 연이어 대통령직을 맡게 되면서 징크스는 깨지게 됐다.

수도권에서 이기면 대선에서 이긴다?

'수도권에서 우위를 점하는 대선 후보가 당선된다'는 '대선 명제' 역시 역대 대선에서는 '참'이었지만 18대 대선에서는 '거짓'이 되었다. 지난 1987년 13대 대선부터 수도권 민심을 잡은 후보가 승리를 거머쥐었는데, 전체 유권자의 절반가량이 몰려 있는 수도권을 놓치면 대선 승부가 힘겨울 수밖에 없는 산술적인 셈법 때문이기도 하지만, 수도권 표심의 향배가 대선에서 큰 의미를 차지하기 때문으로 보인다. 선거 전문가들은 수도권이 중앙 정치 이슈에 민감하고 이념적으로도 관망하는 층이 많다는 특성을 갖고 있기 때문에 수도권 표심이 전국적인 표심의 향배를 결정한다고 평가했다. 여기에 이미 영호남 등 비수도권에서 여야 대선주자에 대한 표심이 어느 정도 형성되어 있는 상태이기 때문에 수도권이 캐스팅보트casting vote(양쪽 세력이 비슷할 때 당락을 결정할 열쇠) 역할을 하게 된다는 논리다.

역대 대통령 선거 결과를 보면 이것이 한눈에 증명된다. 15대 대선 당시 김대중 후보는 서울에서 44.87퍼센트를 얻어 40.89퍼센트를 얻은 이회창 후보를 눌렀고, 16대 대선에서는 노무현 후보가 서울에서 51.30퍼센트를 얻어 44.95퍼센트의 이회창 후보를 꺾었다. 17대 대선에서도 이명박 후보가 서울에서 53.23퍼센트를 얻어 24.50퍼센트에 그친 정동영 후보를 크게 앞섰다. 반면 박근혜 후보는 서울에서 48.18퍼센트를 얻어 51.42퍼센트를 득표한 문재인 후보에게 뒤지고도 승리했다.

단일화에 성공한 진영의 후보가 이긴다?

가깝게는 2002년 노무현-정몽준 단일화, 거슬러 올라가면 1990년 노태우-김영삼-김종필의 3당 합당과 1997년의 김대중-김종필 연합으로, '새누리당은 상대 후보들이 단일화에 성공하면 대선에서 진다'는 속설이 힘을 얻었다. 김영삼 후보와 김대중 후보가 분열했던 1987년 대선과 문국현 후보가 정동영 후보의 단일화 제의를 거부하고 독자 출마했던 2007년 대선에서는 새누리당이 승리했다. 그렇기에 18대 대선의 빅 이슈 중 하나는 단연코 '단일화'였다.

18대 대선에서는 무소속 안철수 후보의 막판 후보직 사퇴로 민주통합당 문재인 후보가 극적인 단일화를 이뤄냈다. 진보정의당 심상정 후보도 문 후보를 지지하고, 통합진보당 이정희 후보도 선거를 며칠 남겨두고 사퇴함으로써, 진보 진영은 문 후보를 중심으로 똘똘 뭉쳤다. 그러나 문재인 후보가 낙선함으로써, 단일화에 성공한 진영의 후보가 이긴다는 선거의 상식은 깨졌다.

40대의 표심을 잃으면 낙선한다?

1997년 대선 이후 이어져온 '40대 유권자의 표를 못 얻으면 낙선한다'는 불문율도 18대 대선에서는 허물어졌다. 방송 3사 출구조사로 추정해보면 40대 득표율에서 박근혜 후보는 44.1퍼센트로 문재인 후보의 55.6퍼센트에 11.5퍼센트포인트나 뒤졌으나, 50대 이상의 압도적 지지를 받아 승리했다. 40대가 캐스팅보트 역할을 못하고 5060세대가 박근혜 시대를 만들어낸 것이다.

중원을 잡는 자가 대권을 잡는다

역대 대선을 보면 충청권 민심이 결정한 후보가 모두 대통령에 당선됐다. 충청, 정확하게는 충북 지역이 전국 표심의 바로미터가 된 것이다. 16대 대선에선 노무현 후보가 이회창 후보를 10퍼센트포인트 차로 이겼고, 17대 대선에서는 이명박 후보가 정동영 후보를 따돌리고 당선됐다. 18대 대선에서도 박근혜 후보는 충북에서 56.2퍼센트로 문재인 후보의 43.3퍼센트보다 크게 앞섰다.

당 경선에서 먼저 선출된 후보가 승리한다

각 당은 자신의 당을 대표해 선거에 출마할 후보를 선출하는데, 당

경선에서 선출돼 본선 후보로 먼저 확정된 후보가 승리한다는 징크스는 18대 대선에서도 통했다. 박근혜 후보는 2012년 8월 20일 새누리당 대선 후보로 확정됐다. 민주통합당 문재인 후보는 그보다 늦은 9월 16일 후보로 선출됐다. 이는 대선 후보로 활동 기간이 길면 그만큼 이미지를 부각시킬 기회가 상대적으로 많기 때문인 것으로 보인다.

공식 선거운동 기간에는 선두가 바뀌지 않는다

역대 대선에서는 투표 3주일 전인 선거운동 돌입 시점에 이미 판세가 기울어져 있었다. 선거운동 돌입 시점 직전 안철수 후보가 전격 사퇴한 터라 문재인 후보 측은 18대 대선에서 이를 깰 수 있을 거라 자신했다. 그러나 공식 선거운동 시작 후 지지율 2위 후보가 역전에 성공한 적이 없다는 속설은 틀리지 않았다. 18대 대선에서도 선거운동 시작 직전 11개 언론사가 실시한 여론조사 중 8개 조사에서 앞섰던 박근혜 후보가 당선됐다.

미국 대선과 이념 성향이 다른 정당이 승리한다

미국 대선에서 민주당이 승리하면 우리나라는 새누리당이, 미국에서 공화당 정권이 등장하면 우리나라는 민주당 계열이 등장한다는 법칙은 14대 대선부터 통해왔다. 1992년 미국은 민주당 빌 클린턴 정권이 출범했고, 우리나라는 민자당 김영삼 정권이 탄생했다. 1997년에는 우리나라에서 국민회의 김대중 후보가 대통령이 되자, 미국에서는 2000년 공화당 부시 정권이 들어섰다. 2002년에는 민주당 노무현, 2004년 공화당 부시, 2007년 한나라당 이명박, 2008년 민주당 오바마, 2012년 민주당 오바마, 2013년 새누리당 박근혜, 이처럼 같은 패턴이 되풀이됐다.

정권은 10년 주기로 교체된다

새누리당이 여당을 고수함에 따라 '정권 10년 주기설'도 유지됐다. 1987년 이후 노태우-김영삼 보수 정권에 이어 김대중-노무현 진보 정권, 이명박-박근혜 보수 정권이 딱 10년 단위로 교대하고 있기 때문이다.

날씨가 궂으면 보수 진영에 유리하다

미국의 한 선거 전문가에 따르면 비교적 추운 날에는 보수 진영이 포근한 날에는 진보 진영 후보가 대권을 잡을 확률이 높다. 나쁜 날씨는 투표율을 떨어뜨린다는 논리인데, 혹한이 오면 젊은 층이 투표장에 나가는 것을 포기할 수 있고, 날씨와 상관없이 적극적인 투표를 하는 장년층과 노년층의 투표율이 높아질 수 있다는 이야기다.

투표율이 높았던 18대 대선에서도 '날씨가 궂으면 보수 진영에 유리하다'는 명제는 참으로 나타났다. 역대 대선에서 김영삼, 이명박 대통령이 당선된 해의 서울 최고기온은 김대중, 노무현 대통령이 당선된 해에 비해 2도에서 5도가량 낮았다. 18대 대선일도 서울 최고기온이 영하 2도, 아침 기온은 영하 10도까지 내려가는 강추위가 몰아쳤고, 보수 진영 후보인 박근혜 후보가 웃었다.

징크스는 징크스일 뿐

승리 법칙으로 굳어졌던 징크스 중에서 일부는 통하고 일부는 깨졌다. 문제는 이 징크스를 진리로 여기고 선거 전략으로 이용했을 경우이다. 18대 대선에서 여야는 투표시간 연장 문제를 놓고 첨예하게 맞섰다. 투표시간을 연장해 투표율이 올라가면 여당에 불리하다는 속설 때문에 새누리당은 '선거를 앞둔 시점에서 제기한 정략적 접근'이라며 반대했고, 반면 민주통합당은 '민주주의 실현과 투표권 보장'을 이유로 들며 투표시간 연장을 주장했다. 투표율의 법칙이라는 잘못된 징크스를 가지고 투표시간 연장 문제를 민주주의의 확장이 아닌 정략적 차원에서 논의했다는 비판에서 여야 모두 자유로울 수 없을 것이다.

이런 징크스는 징크스일 뿐. 특정 정당의 유불리 등 어떤 일관된 법칙은 없다. 지금까지 살펴본 선거 법칙들 모두 귀에 걸면 귀걸이, 코에 걸면 코걸이 식으로 말하기 좋아하는 사람들의 어설픈 엮음으로밖에 보이지 않는다. 물론 어느 정도 통계에 근거한 과학적 분석이라고는 하지만 이 법칙들이 하나둘씩 깨지는 것은 또 어떤 과학으로 설명할 수 있을까? 속설을 선거 전략으로 이용하려는 것은 유권자를 무시하는 행위로밖에 보이지 않는다. 이런 것들은 호사가들이 지어낸 속설로 치부하고, 우리에게 주어진 한 표를 제대로 행사하는 것, 그것이 성숙한 시민 아닐까.

바늘구멍의 입법고시를 통과한 사람들

한 해 입법고시를 통해 국회에 입성하는 5급 공무원의 수는 13명에서 25명 남짓. 2013년 기준 평균경쟁률 265대 1. 행정부 5급 공개경쟁채용시험, 즉 행시의 8배가 넘는 높은 경쟁률이다. 입법고시는 행정고시나 사법고시와 시험과목이 같은 탓에 대부분의 수험생들은 두 개 시험에 함께 응시한다. 그래서 동시 합격자 수가 적지 않은데, 정부공무원이 아닌 국회공무원을 선택하는 숫자가 많다고 한다.

그동안 국회의 위상이 많이 높아진 이유도 있겠지만, 전국 각지로 파견되는 행정부공무원과 달리 서울 여의도에 소재한 국회에만 근무할 수 있다는 점도 매력으로 작용하는 것이다. 얼마 전에는 사법고시, 행정고시, 입법고시 3관왕이 사법연수원 졸업 뒤 국회로 돌아와 달라진 국회공무원의 위상을 실감케 했다. 국회사무처에 따르면 사법고시와 입법고시에 합격한 뒤 국회를 선택한 이는 9명. 변호사 경력을 인정받아 특채로 들어온 이도 13명에 달한다고 한다. 변호사 1,000명 배출 시대에 국회공무원이 더 이득이라는 게 이들의 설명이다.

바늘구멍을 통과한 이들은 연수 과정을 거쳐 국회사무처, 예산정책처, 입법조사처 등 다양한 국회기관으로 발령받아 업무를 맡게 된다. 상임위원회 입법조사관도 이들이 맡게 되는 임무 중 하나이다. 상임위는 국회의 입법 및 예산 심의 과정의 중추 역할을 담당하는 곳이다. 법률안 심사, 소관 부처 및 소속 기관에 대한 예산안과 결산 심사, 국정감사, 장관 임명에 따른 인사청문회 등 상임위가 수행하는 모든 역할을 지원하는 것이 입법조사관들의 임무다.

그중에서 가장 주된 업무는 법률안이나 예산안의 타당성과 문제점, 개선 방안 등을 담은 검토보고서 작성. 시작은 역시 방대한 자료 수집이다. 입법조사관들은 제한된 인력 탓에 한 명의 입법조사관이 거대한 부처를 상대하는 경우가 많아 어려움이 많다고 토로했다. 정부가 추진하는 일을 꼼꼼히 따져봐야 하는데 이들이 자신들에게 불리한 정보를 순순히 내어줄 리 만무하기 때문이다. 그래서 정부가 추진하는 정책에 문제가 있다 싶으면 수사하듯이 접근하는 게 비법이라면 비법이라고 귀띔했다. 직업병도 있다. 모든 뉴스가 정보로 다가오는 것이 아니라 법안으로 다가온다고 한다. 어떤 사건이 발생하면 '이건 어떤 법률이 규율하고 있을까' '이 문제를 해결하려면 어떤 법을 개정해야 할까' 생각하게 된다고 하니 국민들이 들으면 세금이 아깝지만은 않을 것 같다.

공무원이니 책상머리에만 앉아 있을 것 같지만 현장 방문도 잦다. 업무량이 워낙 많은 탓에 각종 자료에 파묻혀 지내는 시간이 많긴 하지만 법안 내용을 사무실에서 검토하는 것은 한계가 있기 때문이다. 정부 부처가 예산을 요구한 것에 대해 현장 심사를 하는 것도 그들의 몫이다. 이해관계가 첨예하게 얽혀 있는 경우가 많고 각 부처 사람들의 이야기를 듣는 것만으로는 실제 상황과 차이가 있기 때문에 직접 현장을 보면서 설명을 듣고 의견을 교환하는 것이 100건의 문서 자료보다 나을 때가 있다는 설명이다.

입법조사관들은 국민 실생활과 가장 가까운 법안을 만드는 일이기에 보람도 크지만 책임이 무겁다고 입을 모았다. 돌발 상황이 터지면 바로 보고서가 나와야 하기 때문에 늘 긴장 상황에 있다는 점도 힘들지만, 보고서 하나에 희비가 교차하는 일도 다반사이기 때문에 그럴수록 더 의연하고 세심하게 자료를 살피려 한다고 말한다.

그들의 손에서 분석되고 검토된 법안이 세상에 나와 국민 생활이 좀 더 나아지는 것. 이해관계가 복잡하게 얽혀 첨예하게 대립하던 사안이 조정이 되어 결론이 났을 때 보람을 느낀다는 입법조사관들에게서 우리는 희망을 본다.

국회 내 싱크탱크를 움직이는 천리안

국회 내엔 국회입법조사처와 국회예산정책처란 싱크탱크가 있다. 대한민국 국회의 독자적인 입법·정책 지원조직으로 입법 및 정책과 관련된 사항을 중립적이고 전문적으로 연구해 국회의원과 국회의 상임위원회에 제공함으로써 국회의 입법과 정책 개발 역량을 돕는 것을 목표로 하고 있다. 국회의원들이 입법 과정에서 막히는 부분이 생기면 바로 이 입법조사처와 예산정책처에 SOS를 친다. 국회의원들은 매일 정쟁에 바쁜 것 같은데 뭐 질문이 많을까 싶지만 의원들의 조사 요청 건수가 한 해 4,000건이 넘는다고 한다. 예전엔 주로 정치나 경제에 집중돼 있었던 반면 요즘엔 복지, 문화, 과학 할 것 없이 조사 요청이 많다는 것이다. 2013년에는 6,000건을 돌파했다고 하니, 그야말로 의원들의 입법 열기가 장난이 아니다.

분석을 대신하는 사람들이다 보니 이들이 보는 자료의 양은 상상을 초월할 정도다. 정치·경제·사회 전 분야를 다루는 입법조사처 조사관들은 신속한 입법 지원 서비스를 위해 아예 자신의 전문 분야에서 국정 이슈가 될 만한 주제에 대해 항상 데이터를 모으고 흐름을 파악한다. 모든 연구에 있어서 가장 중요한 것은 중립성 유지다. 각 정당 간 정파적 가치를 초월하는 중립성, 아울러 각종 조직이나 이해집단 간의 갈등에 대해서도 중립이 최우선이라고 한다.

예산정책처도 상황은 다르지 않다. 예산 편성의 중요한 수치인 경제성장률 전망치 등을 국회의원 개개인이 검증해낸다는 것은 사실상 불가능한 것이 현실. 국회의원들은 정부와 논리싸움을 하기 위해 예산분석관들의 두뇌를 빌리고 있다.

숫자와 사투를 벌이고 있는 예산정책처 분석관들은 정부가 추계한 경제와 각종 수치를 기반으로 세밀하게 조합되어 있는 예산안에서 문제점을 찾아내기란 쉽지 않다고 말한다. 한국 경제의 현재를 진단하고, 예결산을 분석하고, 국가 주요 사업의 집행에 대한 점검·평가를 하는 '이정표' 역할을 하는 곳이 예산정책처다. 예산정책처의 경우, 국제기구인 IMF도 지난 2010년 이후 매년 두 차례 방문해 한국 경제와 관련한 의견을 듣고 간다고 하니 그 실력은 입증된 셈이다. 보람도 남다르다. 그들이 만든 보고서가 의원들의 입법활동과 행정부 감시·견제에 도움이 될 때 일하는 즐거움을 느낀다고.

어려운 점은 없을까. 의원들의 질의 요구에 회답 기간을 단축해야 한다는 것이 "피를 말리게 한다"는 고백이다. 기다리는 사람을 앞에 두고 연구를 해야 하는 심정이 오죽하랴 싶다. 여기에 민간 경제연구소 등과 비교해 인력이 상대적으로 부족하다 보니 입법조사처와 예산정책처 모두 산더미처럼 쌓인 업무를 소화하기 위해 야근하는 직원이 넘쳐난다. 가까이서 지켜본 조사관들은 주말에도 출근하는 일이 다반사였다. 인터뷰를 했던 한 서기관은 웃으며 이렇게 한마디 던졌다. "국민 여러분, 공무원들 월급만 꼬박꼬박 받고 노는 사람 아닙니다! 오해하지 말아주세요!"

2부

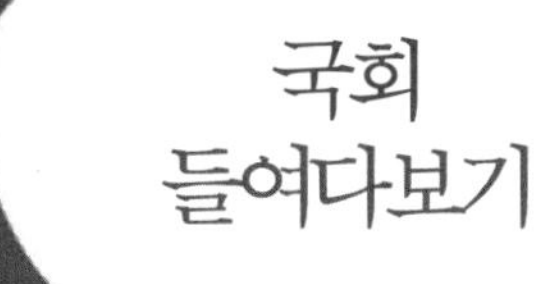

01 300개의 회사와 300명의 CEO

국회는 하늘색 돔 안에서 4년마다 300명의 국회의원을 배출하고, 대통령을 낳는 산파 역할을 해왔다. 지금도 국회의사당 돔 안의 의원들은 저마다 가슴에 대통령이라는 꿈을 안고 자기만의 방법으로 정치를 하고 있다.

국회의원 한 명 한 명은 기업의 CEO에 비유할 수 있다. 각각 다른 자본금과 경영수익을 갖고 있고, 주력 업종도 다르다. 식품, 제조, 금융 등 다양한 분야의 기업이 고루 맞물려 돌아가야 경제가 성장하듯이 국회의원 또한 관심 분야를 중심으로 영역을 넓혀가며 대통령의 꿈을 향해 나아간다. 기업의 목표가 이윤창출이라면, 국회의원의 목표는 국민 삶을 이롭게 돌보는 일이다.

의정활동 평가의 수단, 치열한 입법 전쟁

의원들의 가장 활발한 활동은 정책 대결이다. 국회의원의 기본 역할이 입법이다 보니 법률안을 만들고 통과시키는 데 의원들은 큰 공을 들인다. 객관적인 수치로 의정활동을 평가받을 수 있는 거의 유일한 수단이기 때문이다. 덩달아 국회의원의 정책 홍보장인 토론회 개최 열기도 뜨겁다.

국회의원은 300명. 하지만 국회 안에 회의실은 국회 의원회관과 헌정기념관, 도서관 등 6곳에 불과하다. 이곳에서는 오전, 오후로 나눠 하루에 평균 두 번 이상의 정책 토론회가 열린다. 국회사무처가 운영하는 전용 시스템을 통해 예약할 수 있는 토론회는 한 달에 240건 안팎이다. 이 중 휴가철인 7~8월을 제외하고 대다수의 토론회장은 이미 한 달 전부터 예약이 꽉 차 있다.

특히 정책 토론회 개최 경쟁이 정점을 찍는 9~10월 국정감사 철이 되면 토론회 장소를 미처 구하지 못한 보좌진들이 발을 동동 구른다. 인맥을 총동원해 토론회 날짜 전후로 예약에 성공한 의원실 정보를 수소문해 대기자 명단에 올려달라고 요청한다. 자고 일어나면 정치 이슈가 바뀌는 특성 탓에 언제 공론화시켜야 할지 시기를 가늠할 수 없으니 의원실에서 장소를 중복 예약해놓는 경우가 많기 때문이다. 자신이 원하는 날짜에 다른 의원실이 예약되어 있으면 맞바꾸기를 시도하거나 아니면 다른 의원실까지 3자 협상을 통해 딜을 시도한다. 마치 대학생들이 수강신청 기간에 시스템 오픈 시간에 맞춰 인기 있는 과목을 폭풍 클릭하는 것과 비슷한 광경이다.

당내 입지 굳히기

권력에 보다 쉽게 다가서는 현실적인 방법도 있다. 당내에서 힘 있는 자리를 차지하고 입지를 굳혀가는 것이다. 국회를 경제계로 비유하면 여당 대표는 전국경제인연합회 회장쯤으로 볼 수 있는데, 회장의 임기와 특정 기업의 고속 성장 기간이 맞아 떨어진다는 것과 비슷한 원리다. 특히 총선을 1년여 앞둔 시기의 당직 개편은 소리 없이 치열하다. 당에서 일자리를 구하려는 의원들과 원외 인사들이 뜨거운 경쟁을 벌이는 것이다. 당직을 맡으면 총선 공천에서 유리하지 않겠느냐는 전망 때문이다.

실제로 19대 총선을 앞두고 2011년 새누리당(당시 한나라당) 홍준표 대표와 최고위원들의 기싸움은 볼 만했다. 핵심 당직인 사무총장과 1·2부총장, 여의도연구소장 자리를 놓고 신경전을 펼친 것. 이들 당직은 공천에 막강한 영향력을 미치기 때문에 서로 자신의 대리인을 심으려고 한 것이다. 당직 개편을 두고도 말이 많았다. 당내에서는 핵심 당직에 강남 등 특수 지역구 의원을 아예 배제하자는 주장이 나올 정도였다. 새누리당이 절대적으로 유리한 지역구 출신 의원이 공천을 주무르는 당직에 앉으면 물갈이가 원천적으로 차단된다는 논리다. 또 총선을 앞두고는 평소 선호도가 높지 않았던 다른 당직도 경쟁이 치열하다. 그 당시 대표 특보단은 현역 의원 20명이 포함된 총 29명으로 구성됐는데, 의원이 20명이나 특보 명함을 받은 것은 전례가 없는 일이다. 대표 특보는 상근직도 아니고 정치적 비중도 높지 않지만 "대표 주변에 있는 것만으로도 안심이 된다"는 논리가 작용하면서 지원자가 속출했다고 한다.

시도당위원장 자리는 그야말로 알짜배기로 통한다. 지역민과 직접 접촉하고 지역구를 직접 관리할 수 있기 때문에 시도당위원장이 다음 선거에서 당선되는 것은 자연스러운 결과이기 때문이다. 시도당위원장의 임기는 1년에 불과하지만 통상적으로 총선에서 '공천 티켓'을 거머쥘 가능성이 높아 이 자리를 꿰차기 위한 물밑경쟁도 치열하다.

주로 현직 의원이 아닌 원외 인사들이 맡는 부대변인직도 이 시기에는 지원자들이 속출한다. 최고위원별로 후보자를 추천해 30~40여 명의 부대변인을 임명해 오는데, 총선을 앞두고는 당직 경력이 필요한 원외 인사들의 지원이 넘쳐나 조율이 쉽지 않다고 한다. 한발 떨어져 바라볼 때는 변변한 보수도 안 나오는 부대변인 자리가 뭐 좋다고 저렇게 안달복달할까 싶지만, 총선을 앞둔 탓에 명함용 자리라도 갖고 싶은 지원자들은 썩은 동아줄과 단단한 동아줄을 가려 잡기 위한 작업에 사활을 건다.

가늘고 길게, 하지만 탄탄하게 간다

기업들 중에서도 대기업의 틈바구니 속에서 장수기업으로 나름의 탄탄함을 자랑하는 기업이 있다. '○○전기' '○○산업'처럼 익숙하지 않은 이름이라 해도 그 분야에서 별다른 경쟁업체 없이 꾸준히 주가를 올려가는 경우다. 국회에도 '○○전기' '○○산업'같이 눈에 크게 띄지 않지만 세파에 흔들림 없이 주력 분야를 키워간 CEO가 있다.

2012년 개원한 19대 국회에서 5선 의원은 모두 9명. 5선이면 20년을 국회의원으로 보낸 것이다. 직업 정치인으로 불릴 만하다. 이 중에는 남경필, 이석현, 이미경 의원이 포함돼 있다. 남경필 의원이야 아버지의 지역구를 물려받고 국회에 입성해 당내 최고위원까지 지낸 인물로 이름이 어느 정도 귀에 익을 수 있겠지만, 이석현, 이미경 의원의 대중적 인지도는 상대적으로 미미하다. 내심 당 대표나 최고위원 같은 지도부 입성을 노리고 있는지는 알 수 없지만, 적어도 기자를 만나 겉으로 표현하기로는 당권 욕심낼 겨를 없이 지역구 관리만도 벅차다고 손사래를 친다.

얼마 전 국회수첩을 뒤적거리다가 깜짝 놀란 기억이 있다. "어머, 이 사람이 벌써 4선 의원이었어?" 국회 안에서 매일같이 의원들을 마주하지만 실제로 모든 의원들을 속속들이 알 수는 없기에 그들의 이력이 새삼스럽게 다가온 것이다. 이런 저런 이슈로 언론에 꾸준히 오르내리는 것도 아니고, 법률안을 부지런히 발의하는 것도 아닌데 국회의원 20년의 저력은 어디서 나오는 걸까? 소리 없이 다선을 이룬 의원들은 공통적으로 지역구에서 신망이 두텁다. 제품의 유효 고객층을 상대로 맞춤형 영업 전략에 성공한 케이스다.

우리가 뽑은 대표는 고양이일까 생쥐일까

캐나다 정치인 토미 더글러스는 1962년 의회 연설에서 '마우스랜드'를 소개했다. '마우스랜드'는 생쥐들이 모여 사는 나라인데, 그들도 우리가 사는 사회처럼 5년마다 선거를 통해 지도자를 뽑는다. 그런데 그들이 뽑은 지도자는 생쥐가 아니라 매번 고양이였다. 삶이 피폐해져도 생쥐들은 여전히 색깔만 다른 고양이를 뽑았다. 마치 우리 역사에서 그랬듯이 말이다. 그러던 어느 날 한 마리의 생쥐가 홀연히 나타나 외쳤다. 이제부터는 생쥐 가운데서 지도자를 뽑아보자고. 그런데 생쥐들은 이를 환영하기는커녕 도리어 그 생쥐를 '빨갱이'라며 감옥에 처넣는다.

민주주의 국가에서 투표를 해도 변하지 않는 국민의 고단한 삶을 풍자한 내용이다. 우리가 뽑은 국민의 대표는 과연 고양이일까 생쥐일까. 쥐들의 마음속까지 꿰뚫어보는 듯 진솔해 보여서 뽑아 국회 보내놨더니 결국 고양이였던 걸까.

정치는 T.O.P다. Time(시간), Opportunity(기회), Place(장소) 이 삼

박자가 들어맞을 때 최상의 효과를 낼 수 있다. 물론 정치인의 말, 행동 하나하나가 모두 철저히 계산된 고도의 전략은 아닐 것이다. 일부 의원들은 자신의 진심이 언론을 통해 과대 해석됐다며 기자들의 소설 같은 기사에 불만을 토로하기도 한다. 하지만 분명한 것은 의원 개개인들의 말과 행동에 대한 파급력은 상당하다는 사실이다. 차기 유력 대권주자이거나 대통령 측근이 아닐지라도 국회의원은 민의를 대변하는 그 자체만으로도 우리나라를 움직일 수 있는 힘을 가진 기업의 CEO들과 견주어볼 만하다.

늘 그랬듯이 선거의 계절은 돌아온다. 부디 다음 선거에서는 알짜 기업을 가려내는 현명한 눈과, 유망 기업의 주식에 과감히 투자하는 소신이 길러지길 기대해본다.

02 언론인 출신 국회의원이 많은 이유는?

기자가 국회의원을 부를 때 어떤 호칭을 사용할까? 나이가 많든 적든, 심지어 아버지뻘 되는 의원에게도 기자들은 일관되게 '선배'라고 부른다. 어떤 국회의원은 기자들의 선배 호칭에 노골적으로 반감을 나타내기도 하지만 국회 출입기자들의 오랜 관행은 바뀌지 않는다. 이유가 뭘까?

언론계 출신 인사들이 정치에 직접 참여하면서 빚어진 풍경이다. 어제까지 선배로 취재 일선을 함께 누비던 기자가 금배지를 달았다고 해서 하루아침에 '선배'에서 '의원님'이라고 호칭을 바꾸는 게 쉬울 리가 없다. 게다가 언론인에서 정치인으로 옷을 바꿔 입는 국회의원의 수는 꾸준히 늘어 많은 언론사 선배들이 국회로 진출하다 보니 모든 국회의원에 대해 선배화가 된 듯하다.

삼박자가 갖춰진 선거 병기

2012년, 19대 국회에서 언론계 출신은 20명 남짓. 4년 전, 18대 국회에서도 언론계 출신은 35명이었고, 16대에서는 44명으로 가장 많았다. 10퍼센트를 훌쩍 넘는 큰 숫자이다. 이 중에서도 아나운서나 언론사 경영인 정도를 제외하고 대부분이 기자를 지냈다. PD 출신 국회의원은 19대 국회에서 박창식 의원, 단 한 명뿐이다. 언론계 출신의 국회 입성율은 늘어나는데 이제야 PD 출신 국회의원이 배출됐다니. 그도 그럴 것이 일단 PD는 제작자여서 유명 아나운서나 방송기자들에 비해 언론 노출이 적다. 대중 인지도가 기자, 아나운서에 비해 현저히 떨어지다 보니 정당 입장에서도 PD들에게 별다른 경쟁력을 느끼지 못하는 것이다. 게다가 PD는 출입처나 취재원이 없어 국회와의 접촉도 많지 않다. 자연스레 국회 진출에 대한 관심이나 기회가 적은 것이다.

그렇다면 정당이 언론인 출신 영입에 적극적인 이유가 뭘까? 역대 국회의원 총선거에서만 봐도 아나운서, 기자 출신 후보자들의 승률은 거의 90퍼센트에 육박한다. 반듯하고 정직한 이미지, 지나가는 동네 사람들은 대부분 알아보는 높은 인지도, 사회 전반에 대한 폭넓은 지식. 삼박자가 고루 갖춰져 선거 병기로 안성맞춤인 것이다.

특히 기자는 여러 출입처를 돌면서 정치, 경제, 사회, 문화, 국제 등 다양한 문제를 다루기 때문에 다른 직업군보다 현실 감각이 뛰어나다. 전문지식은 있더라도 현실 감각이 떨어질 수밖에 없는 교수보다 기자가 정치판에서 성공하는 경우가 과거에도 많았고 현재도 그러하다. 대통령이나 정당의 대변인도 언론을 상대해야 해서 기자 출신이 하기에 무리가 없다. 민주당과 그 전신인 전통 야당은 물론이고 한나라당의 뿌리인 전통 여당의 경우도 합리적이었다고 평가받았던 정치인 중에 기자 출신이 많았다. 또 역대 국회의장 중에서는 김형오, 임채정, 김원기, 이만섭, 곽상훈 의장까지 모두 5명이 동아일보 기자 출신이다.

실제로 한 포털사이트 정보 공유방에는 자신을 중학생이라고 소개하며 장래희망이 국회의원인데 앞으로 어느 대학에서 무엇을 전공하고 어떻게 준비해야 하는지를 진지하게 묻는 질문들도 볼 수 있다. 거기에 베스트로 채택된 답글들을 보면 기자로 시작해 정계에 입문하는 것이 가장 빠르다고 조언하고 있다. 또 중앙 일간지나 공중파 방송사에 합격한 뒤 정치부로 배정받아 국회를 출입하고 정계 인맥을 넓히라는 구체적인 방법도 제시하고 있다. 기자 출신 국회의원이 많은 것은 사실이지만 어린 학생들이 정치에 입문하는 당연한 과정으로 정치부 기자를 꼽는다니 현실을 정확하게 꿰뚫고 있어 뜨끔하기도 했고, 기자라는 직업을 오해하고 있는 것 같아 씁쓸하기도 했다.

기자와 국회의원, 그 전략적 동반자 관계

그렇다면 기자들은 국회에서 실제 어떻게 취재할까? 정치부 기자들의 하루는 술로 시작해서 술로 끝난다. 낮술도 마다하지 않는다. 점심시간에 식당 어느 곳을 가도 소주 서너 병쯤 세워져 있는 것은 예사로 보이니 말이다. 사람의 마음을 얻고 설득해야 하는 정치의 특성상 국회의원들의 생각과 활동을 언론이라는 창구로 전달하는 기자는 그들과 전략적 동반자 관계다. 특히 한국 정치의 특성상 오고가는 술잔 속에 형, 동생 사이가 되기도 하는데, 공식 회의 석상에서 브리핑 되는 말들보다 일명 '오프 더 레코드off the record(보도하지 않는다는 전제 하에 취재나 인터뷰에 응하는 것)'로 오가는 말들이 훨씬 짜릿하다.

통합진보당 이석기 의원의 "애국가는 국가가 아니다"라는 발언도 기자들과 식사를 하는 자리에서 나온 말이 보도된 경우다. 인생 풍파 겪을 대로 겪고 정치판 생리 좀 아는 잔뼈 굵은 정치인은 얼큰하게 취한 와중에도 발언 수위를 조절할 줄 아는 내공이 있지만, 국회에 갓 입성한 새내기 정치인에게 술자리는 말 그대로 술 마시는 자리였던 것이다. 의원 입장에서는 밥과 술을 곁들이면서 넥타이 풀고 인간적인 모습으로 스스럼없이 대화해보자는 자리에서 열혈 기자들이 식탁 밑에 녹음기를 켜뒀으리라고는 상상도 못했을 것이다. 화들짝 놀랄 만도 하다. 보도하지 않기로 약속한 자리에서 한 발언을 녹취해 뉴스에 내보내니 뒤통수 맞았다고 생각할 수도 있다.

하지만 언론사 입장에서는 사안의 경중을 따져 국민의 알 권리가 우선이라고 판단하면 언제든지 그 약속을 어긴다. 실제로 술자리 대화를 녹취하는 것이 불법은 아니다. 그 자리에 녹취 당사자가 동석하고 있는데다 이미 밥이나 술을 함께한다는 것은 어떤 대화도 할 수 있다는 것이 전제돼 있기에 녹음에 대한 위험성은 본인이 감수해야 한다. 하지만 본인이 동석하지 않은 채 남의 대화 자리에 몰래 녹음기를 켜놓는 것은 도청이기 때문에 불법이다.

그런데 이 모든 취재 행위도 타 언론사의 사정이다. 비교적 덜 전투적인(?) 국회방송의 특성상 나는 관찰자의 입장에서 타사 기자들의 생활을 엿본다. 열정 넘치는 취재욕에 입이 떡 벌어지기도 하지만 '적어도 나는 계산적이지 않은 술자리를 할 수 있어 행복하다'는 위안이 더 크다.

한바탕 전쟁을 치른 후 다음 날, 아침 정당 회의 자리에서 만난 기자들의 모습은 가관이다. 음주측정기를 들이대면 곧바로 면허정지 처분이 나올 수준의 알딸딸한 모습으로도 기자들은 이른 아침 회의에 꼬박꼬박 참석한다. 굳이 키보드를 눌러대며 정확히 적지 않더라도 그날 회의 분위기를 살피기 위해서다. 그날 회의에서 어느 최고위원이 늦게 도착했는지 티격태격하며 어떤 눈빛을 주고받았는지를 파악하고 뉴스 방향을 잡는다. 회의가 끝난 뒤 각 정당에서 지도부의 주요 발언을 정리해 보내주지만 평면적인 활자가 사람의 목소리 톤과 표정, 뉘앙스까지 담아낼 수는 없기 때문이다. 게다가 상임위에서 쟁점 현안이라도 다루게 되면 기자들은 의원들의 발언을 한 마디도 놓치지 않아야 하기에 모든 신경을 집중한다. 국회는 항상 주옥같은 말들이 회의장을 맴돌아 순식간에 여의도 하늘로 사라진다. 이 표정이 살아 있는 말들 가운데 옥석을 가려내기 위해 기자들은 술에 젖은 몸으로 또 어느 의원과의 낮술 자리에 기꺼이 참석한다.

03 금배지의 그림자
보좌진 24시

박지원, 차명진, 백원우, 구상찬, 이광재, 조해진…. 이들의 공통점은 뭘까. 모두 금배지 출신이거나 현재도 빛나는 금배지를 가슴에 달고 있는 현역 국회의원들이다. 그리고 국회의원 보좌진으로 정계에 입문했다는 공통 이력을 갖고 있다. 국회의원 보좌진은 한때 정치 등용문으로 여겨졌다. 하지만 이것도 옛말. 세월의 흐름과 함께 이제 보좌진은 또 하나의 전문 직업으로 자리 잡고 있다. 과거에는 말 그대로 보스를 위한 '비서'였다면 지금은 '정책적 조력자'로서 영역을 확고히 한 셈이다.

국회 의원회관에는 300개의 정치 벤처기업이 있다. 각 의원실이 하나의 입법기관이고 이곳에서 새로운 정치 패러다임이 시작된다.

정치 패러다임을 제시하는 것은 국회의원 혼자만의 힘으론 부족하다. 그래서 각 분야별로 자료 조사, 질의서 작성, 법률안 작성, 입법 정책과제 개발 등 다양한 역할의 보좌진들이 존재한다. 의원들은 좋은 보좌진을 만나면 의정활동의 반은 성공하고 들어간다는 우스갯소리를 하기도 한다.

우수의원의 공신

1년에 한 번씩 돌아오는 20여 일 남짓한 국정감사를 위해 의원실은 봄부터 준비를 한다. 국정감사를 앞둔 국회 의원회관은 추석 연휴 기간에도 불을 훤히 밝힌 채 자료 수집에 한창이다. 열 평 남짓한 의원실에서 먹고 자는 것은 물론으로 흡사 고시원 생활을 연상케 하기도 한다. 이들은 주로 지난해 국감자료 분석을 먼저 한다. 하늘 아래 새로운 것은 없고 국감도 마찬가지. 피감기관들이 지난해 감사위원으로부터 어떤 지적을 받았는지만 잘 살펴봐도 올해 국감준비의 절반은 끝낸 셈이기 때문이다. 그러나 20여 년이 넘는 기간을 거치면서 정부 또한 국회의 요구를 피해가는 노하우를 축적하고 있다. 갈수록 자료 제출 시기가 늦어지고 자료의 양도 빈약하기 그지없기 때문에 정부와 신경전을 벌이는 것도 보좌진의 역할 중 하나이다.

국정감사와 관련한 제보는 보통 국정감사 기간에 가장 많이 들어온다. 언론을 통한 이슈화가 이뤄져야 국민의 관심이 집중되기 때문이다. 이 기간에 의원회관 의원실을 들여다보면 수능을 앞둔 고3 교실의 풍경이 연상된다. 지옥의 전쟁(국정감사) 기간이 지나면 해마다 시민단체는 국정감사 우수의원을 선정해 발표한다. 국정감사의 내막을 알고 있는 기자의 시선으로 보면 우수의원 선정의 영광 가운데 7할의 공은 우수 보좌진들에게 있음을 알 수 있다. 그럼에도 내가 만난 대부분의 보좌진들은 그동안의 성과에 대해 "보좌진은 그림자이기 때문에 본인의 성과를 남기지 않는다"고 말을 아낀다.

보좌진은 종합예술인

보좌진의 역할은 다양하다. 아예 업무 범위가 없다고 보면 된다. 일반 회사 같으면 각 부서마다 역할이 명확하게 나뉘어 있고, 또 그 안에서도 과장, 대리, 사원, 이렇게 직급별로 할 일이 정해져 있지만 보좌진은 그렇지 않다.

크게는 모시는 의원을 보좌해야 하고, 의원실의 10여 명도 채 안 되는 비서, 인턴을 챙기는 일도 보좌진의 몫이다. 회기 중에는 질의 준비를 해야 하고, 법안 심의 준비도 해야 한다. 그 외에도 정치자금을 모금하는 '후원회'를 잘 관리해야 한다. 후원회 회원들에게 적정한 명분과 타이밍에 맞춰 효율적인 모금을 해야 하고, 모인 정치자금 또한 각종 규정에 저촉되지 않고 편안하게 집행되도록 체크해야 한다. 의정보고서를 만들고, 연말이 되면 국정감사 정책자료집을 발행해야 한다. 보도자료를 만들어서 배포하고 기자들과도 수시로 소통해야 한다.

1년에 몇 번의 정책 토론회를 하기 위해 행사를 기획하고 참석자를 섭외해서, 행사 당일에는 성황리에 행사가 이루어지도록 해야 한다. 간혹 언론사 정치부로 직접 전화를 걸어 취재 의뢰를 하기도 한다. 국회방송 보도팀에 걸려오는 전화도 3분의 2가 의원실 행사 취재 요청인데, 간혹 상임위원회가 몰려 취재 나갈 기자 가 부족하다고 거절할 때는 수화기 너머로 깊은 한숨 소리가 들린다. "저희 의원님께서 이번 토론회에 기대가 크신데요. 잠깐이라도 나와서 스케치해주실 수 없나요? 행사장에 국회방송 로고 붙인 카메라가 왔다 갔다 해야 내빈들 보기도 부끄럽지 않죠." 그리고 토론회 결과물로 의원 대표 발의 법률 개정안을 만들어낸다. 적어도 연말에 한 언론사에서 의원별 법안 발의 숫자를 공개할 때 꼴찌를 하는 수모를 겪어서는 안 되기 때문이다.

또 한 가지 큰일은 민원이다. 대개 의원실에 오는 민원들은 악성민원들이 많다. 이리저리 뛰어다닐 만큼 다니다가 '혹시나 국회의원이니까 어떻게 해결할 방법이 있겠지' 해서 오는 일들이 대부분이다. 가끔 이익단체, 혹은 영리적인 목적에 민원을 이용하려는 기대치가 큰 분들이 오기도 한다. 진지하게 끝까지 귀 기울여 들어주고 적어도 해결하려는 의지 정도는 보여줘야 다음 선거에서 공천을 받을 수 있다. 지역구 여론조사 결과 또한 공천심사에 반영되니 말이다.

갑도 을도 아닌 그냥 보좌진

장면1.

연립주택에 학부모들이 놀러왔다. 브랜드 아파트도 아니고, 집도 크지 않아 약간은 시큰둥하던 엄마들이 그 집에 걸려 있던 시계를 보고 태도가 확 바뀌었단다. 그 시계에는 '대한민국 국회'라고 적혀 있었다.

장면2.

"형님, 혹시 딸이 나중에 직업이 보좌관인 남자친구를 신랑감으로 데려오면 어떻게 하시겠습니까?"
"당연히 반대지."
보좌진 사회에서 능력을 인정받고 후배 보좌진에게 신망이 있는, 화목한 가정을 이루고 있는 한 보좌관과의 대화이다.

우리 사회는 국회의원 보좌관을 어떻게 바라보고 있을까? 아마도 180도 다른 두 장면 모두가 정답일 수 있겠다. 보좌진을 '권력'과 동일시하는 사회의 일반적 인식과, 고용불안으로 '파리 목숨'에 비유되는 보좌진에 대한 내부 인식 말이다. 겉으로 보좌진은 화려해 보인다. 때론 국회의원을 대신하고, 많은 정보를 접하며, 특히 정부와의 관계에서 절대 '갑'의 지위에 있기 때문이다.

하지만 이것이 전부는 아니다. 소위 배지들이 의정활동의 진검승부를 펼치는 국정감사가 끝나면, 말없이 국회를 떠나는 보좌관, 비서관들이 생긴다. 의정활동 평가가 제대로 나오지 못했다는 책임을 지고. 또 자신이 보좌하는 의원과 생각이 다르면 바로 보따리를 싸는 경우도 생긴다. 모 의원실은 18대 국회에서 20개월 동안 무려 27명의 보좌관이 교체됐다. 물론 모든 국회의원이 그런 것은 아니지만, 아직도 보좌관을 '가방모찌' 정도로 생각하는 인식이 여전한 탓이다. 또 보좌관 임명권은 엄연히 국회의장에게 있지만 형식에 불과해 실질적으로 국회의원이 인사권을 행사하는 관행 탓도 있다. 보좌진 선발은 그저 의원 재량이다.

한 비서관은 보좌관이 단순한 직업의 개념을 넘어 사명감이 없으면 일하기 어렵다고 말했다. 주변에 후배, 가족이 보좌진을 꿈꾼다면 추천할 생각이 있느냐고 묻자 단호하게 '아니'라고 답했다. 본인도 15년을 국회 의원회관에서 보냈지만 "괜찮은 직업이니 한번 해보라"고 권하기는 망설여진다고 한다. 흔히 보좌진은 '아플 권리도 없다'고 한다. 새벽같이 출근해 사무실의 잡다한 일부터 시작해야 하고 회기 중에는 자료 조사, 질의서 작성에 밤을 새기 일쑤이니, 보좌진의 자질은 눈치, 작문 실력, 법률 상식 같은 것이 아니라 '강인한 체력'이 가장 우선이라고 강조했다. 몸이 녹아내릴 것 같은 피곤이 몰려와도 '지금 내 손으로 쓴 질의서에 예산 수십억 원이 왔다 갔다 한다' '정부 정책을 바꿀 수도 있다'라고 생각하니 가슴이 벅

차다고도 말했다.

그동안 내가 한발 떨어진 위치에서 의원 보좌진들을 지켜본 결과 보좌진은 권력도, 가방모찌도 아니어야 한다는 생각이 들었다. 권력을 추구하면 화를 부르고, 가방모찌로 전락하면 국민의 억울한 목소리보다 배지의 민원이 더 중요해지기 때문이다. 2011년 10·26 재보선 당시 중앙선관위 홈페이지에 디도스 공격을 가한 사건, 기업체로부터의 금품수수 및 전당대회 돈 봉투 전달 사건 등 흉흉한 정치·사회면 기사들의 중심에는 국회의원 보좌진이 있었다. 보좌진이 국민의 목소리를 법과 정책에 담아내는 '갑'의 지위에 있는 것만은 분명하다. 하지만 이미 갑을관계의 허상을 깨달은 현명한 보좌관들은 갑도 을도 아닌 '그냥 보좌진'이라고 말한다.

04 국회의원 특권 진실 혹은 거짓

국회의원이 되는 순간 200여 가지의 특권이 따라 붙는다고 한다. 하지만 사석에서 만난 국회의원들의 반응은 "국회에 레드카펫 깔린 게 특권이라네요" "보좌관 뽑는 게 어떻게 특권입니까?" 같은 억울하다는 입장이 많았다. 특권 200가지가 도대체 뭐길래 그럴까?

특권, 저도 참 좋아하는데요

국회의원에게 국회사무처에서 나눠주는 의원 배지. 금인 것 같지만 사실은 은에 금도금을 한 것으로 3만 5,000원짜리라고 한다. 배지

의원 배지

가 금은 아니지만 다는 순간 국회의원들이 받는 특혜와 특권은 광범위하고 금전적으로도 막대하다. 국회사무처가 발간한《국회의원 권한 및 지원에 대한 국내외 사례비교》소책자에 따르면, 국회의원의 연봉은 2013년 기준 1억 3,700만 원. 수당과 입법활동비, 여비 등 국회의원의 직무활동과 품위유지를 위해 받는 보수다. 월평균 1,150만 원, 회의에 참석해야 받게 되는 특별활동비까지 포함하면 1억 4,700만 원이다. 2012년에 비해 20.3퍼센트 올랐는데, 공무원의 임금인상률 3.5퍼센트나 일반 기업 근로자의 평균 임금인상률 5퍼센트 선보다 훨씬 높다.

해외에 나갈 일이 생기면, 출국수속은 간편하게 하고 공항 VIP룸도 이용할 수 있다. 뿐만 아니라 국회 회기 중 불체포 특권에 면책 특권까지 선거법만 위반하지 않는다면, 웬만한 위법 행위도 피해 갈 수 있는 특권도 있다.

그러나 뭐니 뭐니 해도 국회의원들이 진짜 놓기 싫은 특권은 겸직 허용이다. 국회의원을 하면서도 국무위원을 할 수 있고, 변호사나 의사, 사업체 대표 등의 자리는 의원직을 유지하는 동안만 휴직하면 된다. 국무위원, 즉 장관이 되면 국회의원직을 하면서도 행정부의 수장을 맡을 수 있게 되니, 더 없는 기회라고 할 수 있다. 의원들이 장관을 하게 되면 월급은 한쪽에서 받지만 의원회관에 방이 그대로 있고 보좌진의 월급도 의원일 때와 마찬가지로 꼬박꼬박 나간다. 하지만 이는 최근 상당 부분 개정되었다.

특권과의 결별, 고단함의 시작

가끔 국회의사당을 찾은 전직 국회의원의 모습에 깜짝 놀랄 때가 있다. 옷차림이 수수한 것은 물론이고, 회사원이 들고 다니는 서류 가방을 들고 있어서다. "의원님 오랜만이에요. 어떻게 오셨어요?" 반가운 안부 인사를 건넸더니 돌아오는 그의 대답. "지하철로 왔죠." 운전사가 딸린 검은색 대형 세단에서 내리던 양복 차림의 그는 같은 양복 차림이지만 소탈한 모습의 동네 아저씨가 되어 있었다. "어떠세요? 다시 돌아오고 싶지는 않으세요?"라고 물으니 이렇게 답한다. "국회로 출근할 때가 좋았지. 지하철 타는 거, 생각보다 영 어색하더라고. 근데 어쩌겠어. 부인이 그렇게 (출마하는 걸) 반대하는데." 한 전직의원은 "해외에 나갈 일이 생기면, 출국수속은 공항 측에서 해주고, 보안검색은 약식으로 받으며 의전실을 무료로 이용했는데 배지를 떼고 난 후로 해외여행이 고단해졌다"며 농담 반 진담 반 권력의 달콤함을 고백하기도 했다.

국회의원들에게 가장 당황스러운 부분은 최근에 개정된 국회법 겸직 금지 조항이다. '국회의원 임기 중 변호사나 회계사, 교수직을 겸해서는 안 된다'는 정도로 알고 있었다가 뒤늦게 자세한 내용을 확인했다가 낭패를 본 의원도 있다. 19대 국회의원 중에는 다른 직군에 발을 걸치고 있는 의원이 3분의 1에 달한다. 새 법은 보수를 받든, 받지 않든 원칙적으로 겸직을 금지한다. 변호사, 회계사 등 전문직은 휴직 신고를 해야 한다. 기업 CEO는 자리에서 물러나야 한다. 월급을 받지 않더라도 대표, 사장, 이사 등의 직을 갖고 있으면 위법이 된다. 기업가 출신인 한 비례대표 의원은 "20년 동안 키워놓은 기업에서 아예 손을 떼라는 건 너무 심하지 않나"라고 볼멘소리를 했다.

지역구 내 조직의 장長 혹은 동문회나 체육회의 직함도 웬만하면 정리해야 한다. 새 법의 내용을 들여다보면 자기 이름을 딴 연구소의 연구소장은 물론 동문회장, 교우회장, 유치특별위원회 고문, 재단 이사장, 성씨氏연합회나 중앙회 총재 같은 자리도 허용되기 어렵다. 대학교수 출신 의원들도 19대 국회에서는 휴직 상태를 유지할 수 있었지만, 법 시행 이후인 20대 총선 때부터는 국회의원이 되려면 휴직이 아니라 아예 교수직을 버려야 한다.

'무보수 명예직이니 직위를 유지하게 해달라'고 국회의장에게 신청할 수는 있다. 이 경우 국회의장은 윤리특별위원회 산하 자문위원회에 자문해 가부를 결정한다. 그러나 국민적 반감을 고려하면 예외를 허용하기가 쉽지 않아 보인다. 다양한 사연으로 개정된 국회법에 쓴웃음 짓는 국회의원들. 특권과의 작별이 쉽지만은 않은 모양이다.

특권 200가지의 진실

그런데 이상하다. 도대체 국회의원 특권 200가지가 무엇일까? 내가 알고 있는 특권이라 할 만한 것은 아무리 손에 꼽아도 20가지가 채 되지 않는 것 같은데, 이상했다. 자료를 찾아봤다. 관련 기사나 자료들을 찾아봐도 '국회의원의 특권이 200가지'라고 하고는 있지만, 그 200가지의 특권이 무엇인지 언급해놓은 것은 없다. 민주당에서 국회의원 특권에 관한 국민들의 인식에 관해 조사를 했다기에 담당 보좌관에게 물었더니 이렇게 답한다. "특권을 포기하려면 국민이 생각하는 특권이 뭔지 알아야 하잖아요. 하도 언론에서 200가지라고 말하길래, 해당 언론에 전화해서 물어보고 역추적해봤죠. 그런데 실제로 따져보니 30가지 정도 되더라고요."

국회의원의 특권이 200가지로 뻥튀기된 건 항목 나누기 때문이었다. 자동차, 기차, 배, 항공기, 택시 등 운송수단 이용이 각 항목별로 하나씩 책정되어 있는가 하면, 국회공무원들과 출입기자들도 이용할 수 있는 국회의사당 내 헬스장 이용도 특권으로 들어가 있다. 또 19세 이상 모든 국민이 이용할 수 있는 국회도서관 이용과 행정부 등에 대한 자료 요구권, 후원금 모금 등도 국회의원의 특권이란다. 실제로 국회의원 업무를 위해 반드시 필요한 권한을 제외하고 나니, 우리가 비난하는 국회의원의 특권은 30가지 정도. 언론에서 늘상 이야기하는 국회의원 특권 200가지는 만들어낸 허상에 불과했다.

우리가 특권이라고 비난하는 것도 조금만 시각을 달리하면 특권이 아닌 업무상 필요한 권리다. 의원들은 비례대표를 제외하고는 자신의 지역구가 있기 마련이고, 그 지역에 대한 현안 처리와 지역민들의 목소리를 듣기 위해서라도 서울 여의도에 위치한 국회와 자신의 지역구를 몇 번이고 왔다 갔다 해야 한다. 그 비용에 부담을 느껴 일을 소홀히 여길까 하는 마음에서 교통비를 지원하게 된 것이다. 면책특권도 마찬가지다. 면책특권은 국회의원들이 국회의사당 내에서 발언한 내용에 대해서는 사실 여부와 상관없이 책임을 면하게 해주는 것인데, 대통령에게 권력이 쏠려 있는 우리나라에서 국회의원의 면책특권은 국민들의 알 권리 보장과 행정부 견제를 위해 중요한 권리가 될 수 있다.

국회의원 사무실 지원과 보좌진 인원 및 연봉 지원도 마찬가지다. 회사에서 일하는 우리에게 회사가 사무실 책상과 자릿세를 내라고 한다면 얼마나 황당하겠는가? 국회의원의 막중한 임무를 생각하면, 보좌진에 대한 지원도 일종의 투자다. 국회의원의 연봉(세비) 삭감, 의원 겸직 금지 등은 물론이고 일반인에 비해 특별대우를 받는 것과 같은 불필요한 특권은 반드시 내려놓아야 하겠지만, 의원의 업무와 관련된 특권에 대해서만큼은 포기를 요구해서는 안 된다는 말이다.

한국 국회의원이 이걸 다 가져요?

백 보 양보한다고 하더라도 현재 한국 국회의원들에게 제공되는 각종 특권들은 국민정서상, 그리고 실제 입법활동의 여부에 비추어 보아도 과도한 측면이 있는 것은 사실이다. 월 1,000만 원에 달하는 상임위원장 판공비, 겸직 허용 등이 대표적인 불필요한 특권이라 할 수 있다.

미국 상·하원 의원들은 경제위기에 세비 인상은 부적절하다며 재정절벽 회피 합의안을 통과시킬 때 세비 인상을 무효화하는 법안을 별도로 끼워넣었다. 미국 의원만이 아니다. 일본 의원들은 2006년 의원연금법을 폐지했고, 2012년에는 세비를 14퍼센트 삭감했다. SBS의 기획 다큐멘터리 〈리더의 조건〉을 살펴보자. 스웨덴 국회의원은 4년 임기 동안 평균 70여 개의 입법안을 발의한다. 일이 너무 힘들어서 임기를 마치고 나면 재선을 포기하는 경우까지 있을 정도다. 특권은 전혀 없다. 스웨덴 국회 자료실에는 의원들의 공무 비용 청구서가 영수증과 함께 모두 보관돼 있다. 의원들이 돈을 제대로 쓰는지 국회 직원들이 감시하고 이를 다시 감사원이 감사한다. 언론에도 모든 자료는 공개된다.

이 프로그램 제작진이 스웨덴 시민들에게 대한민국 국회의원들이 누리는 연봉과 보좌진 9명의 인건비 지원 등 특권 일부를 보여주었다. 스웨덴 시민들은 "정말 많네요. 이걸 다 가지는 건가요?"라고 되물으며 황당하다는 반응이었다. "국회의원들은 일반인들과 같은 삶을 살아야 하고 똑같은 권리를 누려야 하죠. 이 특권들은 놀랍고 좀 무섭기까지 하네요"라는 어느 스웨덴 시민의 말이 우리 국회의원들에게 경종을 울렸으면 하는 바람까지 들게 했다.

특권을 포기하면 무조건 좋은 정치일까?

국회의원들의 특권을 모조리 폐지하면 우리 정치는 좋은 정치가 될 수 있을까? 사실 국회의원들 다수는 충분히 상위 계층이다. 이미 그들은 수억에서 많게는 수백억의 재산을 가진 경우가 많아서 국회의원에게 제공되는 특권이 없이도 충분히 상류층으로 살아갈 수 있다. 또 역설적으로 이 정도의 재력과 사회적 영향력이 있어야 국회

의원이 되는 것이 한국 정치의 현실이기도 하다. 새누리당은 무노동 무임금의 원칙을 적용해 비회기 때에는 월급을 받지 않는 것이 어떠냐고 논의한 적이 있다.

겉으로 보기엔 특권 포기로 보이지만 이 얼마나 위험한 발상인가. 부를 축적해놓지 않은 의원은 당장 식구들의 생계는 어떻게 하나? 또 국회의원들이 비회기 때 의원직을 수행하지 않는 것은 아니지 않나? 조금 과장하면 돈 있는 사람만 의원하라는 것과 같다. 보여주기식 특권 폐지는 국민에게 감동을 줄 수 없다는 이야기다.

특권 포기의 어려움도 안다. 입장을 바꿔서 생각하면 얼마나 어려운 일일지…. 회사에서 그동안 나에게 영업하는 데 필요한 차와 기름값을 지원해주고, 내가 회사에 손해를 입혀도 일을 안 해도 고액 연봉을 줬다고 치자. 그런데 갑자기 회사가 그 지원들을 다 끊고 연봉마저 깎는다면 어떻겠나? 아마 일할 맛이 안 날 뿐만 아니라, 그만두고 싶어질 것이다. 그것도 내 손으로 연봉을 깎으라고 한다면 우리 중 몇이나 깎을 수 있을까?

그럼에도 불구하고 국회의원의 특권을 대폭 축소하거나 폐지시켜야 한다는 여론이 높은 것은 정치권에 대한 불신이 크다는 방증이다. 주어진 책무를 잘 수행하지도 못하면서 무수히 많은 특권을 지니고 있는 것에 대한 국민들의 반감이 얼마나 큰가. 사실 언론의 집중 질타를 받은 의원 연금과 의원 세비는 빙산의 일각이다. 국회의원들이 국민들 몰래 세비를 올리고 연금을 올리더라도 제어할 수가 없기 때문이다. 행정부와 사법부는 물론 대통령실도 국회나 감사원 등 외부기관의 견제와 감시를 받는데 국회만은 감시의 사각지대다.

최근 들어서는 하루만 의원직을 유지해도 평생 받을 수 있던 국회의원 연금, 다양한 직종의 겸직 허용 같은 특권에 대해 의원들이 스스로 법을 개정해가면서 특권 내려놓기를 시도하고 있다. 반가운 일이다. 이런 특권 포기가 보여주기식 제스처가 아니라 진심에서 우러나온 사회지도층의 모범 행동이길 바란다.

05 당신의 지역구 안녕하십니까?

2011년 겨울로 기억된다. 그해 겨울 국회 의원회관 게시판은 의원들의 출판기념회 안내 포스터로 도배되어 있었다. 하루에 대여섯 건은 기본이고 미처 국회 내 회의실을 빌리지 못한 의원들은 근처 여의도 중소기업중앙회 강당을 빌려 손님들을 맞았다. 의원회관 게시판에는 보통 의원들이 주최하는 토론회나 세미나 일정 소개 글이 게시되는데 의원의 얼굴을 전면에 건 출판기념회 포스터 일색인 경우는 이례적이었다. 사무실에 돌아와서 선배에게 이유를 물어봤다. 선배의 대답은 명쾌했다. "내년에 4·11 총선 있잖아."

출판기념회부터 마라톤대회까지 다양한 지역구 관리법

전국 지역구의 국회의원 전체를 다시 뽑는 총선거를 앞두고 의원들은 저마다 자기 알리기, 지지자 확보하기, 정치 후원금 걷기에 열중한다. 사실 총선거보다 더 치열한 것은 당내 공천이다. 공천을 받느냐 못 받느냐에 따라 선거에서 당선되느냐 떨어지느냐가 바로 결정될 수도 있기 때문이다. 강남 3구나 분당, 인천 등 전통적으로 새누리당 강세인 지역은 정당에 대한 유권자들의 충성도나 믿음이 강하기 때문에 공천권만 받으면 곧 당선이라는 공식이 있을 정도다. 민주통합당 텃밭인 전라도 지역에서는 당내에서 의원들이 공천권을 따기 위해 치열한 경쟁을 벌인다.

공천에는 여러 가지 기준이 적용되는데, 그중 가장 큰 비중을 차지하는 것이 인지도와 경쟁력이다. 그렇기 때문에 출판기념회는 주민 접촉면을 넓히고 이름 석 자를 알리기 위한 최적의 수단인 것이다. 자신의 일생과 의정 경험의 소회를 담아 책을 발간한다는 것은 꽤 의미 있는 일이겠지만, 왠지 출판 시점에 뒷맛이 씁쓸해지는 이유가 뭘까?

국회의원의 지역구 관리법은 다양하다. 주로 이렇게 출판기념회나 지역 행사를 통해 부지런히 얼굴을 알린다. 선거철이 되면 유난히 지자체가 주최하는 마라톤대회나 음악회, 축제 등이 몰리는 이유도 여기에 있다. 국회의원이 행사를 빛내주기 위해 귀한 시간을 쪼개 참석하는 것인지, 국회의원의 축사 코너를 마련하기 위해 지자체 예산을 털어 행사를 만든 것인지 헷갈릴 정도다.

국회의원 의정보고서에 숨은 진실

연말, 출근길 지하철역이나 버스정류장에서 어깨띠를 두른 사람들이 나눠주는 홍보 책자 하나씩은 받아봤을 것이다. 또는 집으로 '국회의원 ○○○' 이름으로 우편물이 배달된 적 있을 것이다. 해가 바뀌면서 의원실은 지난 한 해 동안의 의정활동을 지역민에게 알리는 의정보고서를 내느라 분주하다. 법안 발의부터 민원 해결, 예산 확보 등 의원이 발로 뛰어 이뤄낸 성과를 정리한 의정보고서는 특히 2012년처럼 총선을 목전에 둔 경우 홍보 수단으로도 널리 활용된다. 그에 걸맞게 주 내용도 해당 의원이 그간 이룬 업적을 강조하여 정리한 것이 대부분으로, 그가 내걸었던 공약들이 어떻게, 얼마나 실현되었는지 한눈에 알아볼 수 있도록 애를 쓴 흔적이 역력하다.

톡톡 튀는 제목으로 승부하는 의정보고서가 많은데 '마당쇠 이야기' '영등포의 밀린 숙제하기' '당신한테 진짜 필요한 게 뭔지 알아?' 같은 식이다. 대부분의 지역구민들은 국회의원들의 의정보고서를 받아도 금방 쓰레기통에 구겨 넣는다. 때문에 의정보고서는 제목으로 눈길을 사로잡아 읽어보고 싶게 만들어야 한다. 희망과 꿈, 행복을 의정보고서의 주제어로 제시했던 과거와 사뭇 다른 풍

다양한 의정보고서

경이다.

개인적으로 재미있게 읽었던 의정보고서는 차명진 전 의원의 것이었다. 차 전 의원은 평소에 블로그를 통해 '차명진의 의정단상'이라는 이름으로 짤막한 글이나 그림을 올려왔는데, 의정보고서 역시 본인의 주특기를 십분 발휘해 만평집처럼 꾸몄다. 몇 페이지에 달하는 깨알 같은 글자 대신 촌철살인 그림 한 컷으로 소통하는 그의 기발함에 지루한 줄 모르고 읽은 기억이 난다.

이렇게 대부분의 의원들이 의정보고서를 1년에 한 번 발간하면서 온갖 아이디어로 차별성을 부각시키는 가운데, 꾸준한 의정보고서 발간을 통해 부지런함을 부각시키는 의원들도 있다. 민주통합당 황주홍 의원은 '한 초선 일지'라는 제목으로 거의 매일 이메일 보고서를 발송하고 있다. 주로 그날 이슈에 대한 나름의 분석과 단상을 일기 형식으로 담는데 때로는 언론에 보도된 내용을 싣기도 한다.

의원들의 지역구 관리 수단 중 하나인 이 의정보고서에도 불편한 진실이 숨어 있다. 보고서의 내용을 떠나 발간 자체가 지역구 관리로 이용되는 경우가 그렇다. 국회의원이 발행하는 의정보고서는 단가가 약 300~400만 원에 이른다. 그런데 이는 약 1,500만 원 안팎으로 거래된다. 자신의 지역구 인쇄업체에 각종 보고서는 물론 회의자료, 포스터 인쇄까지 몽땅 몰아주는 방법으로 일타이피를 노리는 것이다. 실제로 여의도 국회 의원회관 길 건너 인쇄소에서는 저렴한 단가에 빠르고 세련되게 보고서를 인쇄할 수 있다. 하지만 지역구 의원실은 인쇄물 도안을 이메일로 보내고 다시 택배로 배송받는 불편함을 감수하고서라도 지역구 인쇄업체를 이용한다. 특별히 가격이 저렴하거나 기술력이 뛰어나지도 않다. 다만 지역구 표 관리와 상권 부흥이라는 윈윈 전략의 일환일 뿐이다.

민원 해결사 홍반장

또 한 가지 중요한 지역구 관리법은 민원 해결이다. 지역구 국회의원이 재선, 3선, 4선까지 이루려면 지역구에서는 '홍반장'으로 통해야 한다. 민원은 지인을 통해 청탁처럼 들어오는 경우가 대부분인데 '우리 친척 동생이 이번에 어디로 발령이 났는데 한직이라더라. 의원님 힘 좀 써서 좋은 부서로 빼달라' '우리 시에 있는 모 공기업 지사가 다른 시로 이전을 준비 중이라더라. 뺏기면 우리 시에 손해가 막대하니 좀 막아달라'는 식이다.

민원 해결의 대가로 해당 의원은 민원 당사자를 포함한 그 가족 등 이해 당사자들의 표는 일단 확보한 셈이다. 은혜를 입었으면 갚는 게 도리라는 우리나라 정서상 어떻게든 내 일신 안위와 관련이 있다면 한 표 찍어주게 된다. 내 생활에 직접적인 도움을 준 사람이 곧 지역 일꾼이라는 인식 때문이다. 지역구에서 열 행사 뛰어다니느니 민원 해결 전화 한 통이 더 값지다는 자조 섞인 소리가 나올 만도 하다.

'국회의원 수당 등에 관한 법률'에 따르면 국회의원은 1인당 4급 상당 보좌관 2명, 5급 상당 비서관 2명, 6·7·9급 비서 3명을 둘 수 있다. 또 20개월 한도 내에서 인턴직원 2명도 둘 수 있도록 돼 있다. 즉, 의원 한 명당 9명의 보좌진을 둘 수 있다. 실제로 이 인력이 모두 국회 의정활동에 활용되지는 않는다. 적게는 2명에서 5명 정도를 지역사무소에 두고 있다. 보좌진 중 제일 높은 직급인 보좌관을 지역에만 두고 아예 지역 민원 해결을 주 업무로 맡기기도 한다. 청년부장 등의 비공식적인 직함보다는 보좌진이라는 공식 직함이 지자체장이나 유권자들을 만났을 때 더 먹힌다는 이유에서다.

이런 지역활동 역시 의정활동의 일부로 봐야 하는 것일까? 보좌진들의 급여는 국가 예산으로 주는 것이니 원래의 취지인 입법활동 지원 외에 지역구 관리 용도라면 문제가 되는 것이 아닐까? 나 역시 혼란스럽지만, 중요한 것은 국회의원의 지역활동은 의원활동의 일부

일 뿐만 아니라 그들에게 주어진 책무라는 것이다. 의정, 입법 활동과 지역구 관리 중에서 어느 것이 더 중요하다고 말하기는 어렵다. 결국 양팔저울의 균형을 맞추는 것은 국회의원 자신의 몫일 것이다.

음성적 청탁이 공개 신문고로

이처럼 의원실로 찾아오는 음성적인 청탁성 민원이 문제가 되기 시작하자 의원들 사이에 스스로 지역구로 내려가 민원 해결사를 자처하며 공개 신문고를 여는 문화가 생겨났다.

새누리당 김용태 의원은 당선 이후 매달 둘째, 넷째 토요일을 '민원의 날'로 정해 양천구 신월동 지역구 사무실에서 오전 8시부터 오후 8시까지 민원인을 만난다. 주로 형편이 어려운 주민의 보험금 수령을 돕거나 부채를 탕감해주는 일이다. 또 전북 익산시 지역구를 갖고 있는 민주통합당 이춘석 의원은 상·하반기 1년에 두 차례 '시민 공청회'를 연다. 공청회에 중앙 부처와 지자체 관계 공무원을 불러 일종의 '무력시위 자리'를 만들기도 한다. 처음에 반신반의하면서 공청회장에 나왔던 주민들도 자신들의 의견이 속속 입법으로 이어지는 것을 확인하면서 이제는 더 적극적으로 공청회 주제에 관심을 보인다고 한다. 실제로 현재까지 공청회에 참여한 시민만 수천 명에 달하고, 민원 해결을 위해 확보한 예산도 5,000억 원이 넘는다.

물론 이를 두고서도 해마다 반복해온 총선용 겉치레라는 지적도 나온다. 하지만 지역주민과 눈높이를 맞춰 문제 해결에 발 벗고 나서는 모습은 이들을 권위적인 사회지도층도, 나라 세금 축내는 싸움꾼도 아닌 든든한 동네 일꾼으로 보이게 한다.

06 현충원 참배의 정치학

당 대표를 뽑는 전당대회. 지지자들의 함성소리가 울려 퍼지고 새 대표가 선출됐다. 옆에 있던 기자가 "아, 피곤해 죽겠는데, 내일도 일찍 가야겠네"라고 하니, 듣던 기자가 한마디 보탠다. "우리 팔자가 그렇지 뭐." 대체 이게 무슨 소리냐고?

정치인들이 서울 동작구에 위치한 국립 현충원을 참배하는 모습을 본 적 있을 것이다. 신문을 사진만 보고 지나치는 사람도 포털뉴스만 보는 사람도, 정치인이 검은 정장을 입고 분향하는 모습은 낯설지가 않다. 혹자들은 정치인들의 현충원 방문은 의례적인 것이라고 폄하하기도 한다. 당 대표가 바뀌거나, 대선 후보가 결정되거나,

정치적으로 큰 결단을 하면서 꼭 이곳을 찾기 때문이다. 그런데 대체 왜, 맨 먼저 현충원으로 가는 걸까?

왜 현충원일까?

사전에는 참배를 '죽은 사람을 기념하는 기념비 등에서 추모의 뜻을 나타내는 것'이라고 정의한다. 기자들에게는 지도부 선출, 다음 날 현충원 참배는 당연히 성립되는 일정 공식이다. 이처럼 일종의 정치권 관행이라고 가볍게 볼 수도 있지만 여기에는 새로운 시작을 두고 호국영령 앞에서 마음가짐을 다잡는다는 의미도 있다.

대선 후보들의 현충원 참배는 조선시대 어가 행렬에서 유래했다는 주장도 있다. 역사학자들은 조선시대 왕들이 친히 행렬을 이끌고 선조의 능을 방문해 '내가 조선왕조를 이렇게 이끌겠다'고 정식으로 고했다고 전한다. 이 종묘행사가 끝나야 공식적인 모든 절차가 끝나는 것이다. 그래서 국가의 우두머리가 되려는 대통령 후보들이 현충원을 가장 먼저 찾는 이유가 이런 조선시대 관습에서 유래했다고 보는 시각이 많다. 대선 후보라는 새로운 모습으로 출발하기에 앞서 국민 앞에 경건하고 겸손한 모습을 보여주려는 의도도 있다. 국가와 민족을 위해 목숨을 바친 호국영령 앞에 서면 누구라도 엄숙해질 수밖에 없을 것 같다.

현충원 참배, 그 진정성에 의문을 품다

정당의 지도자급이 무리 지어 참배하러 갈 땐, 참석 인사가 누구인지와 그 숫자로 당의 진정성을 의심받기도 한다. 새 지도부를 선출하는 전당대회도 당 지도부를 선출하는 것도 선거인지라 1등 자리를 놓고 후보들이 치열한 혈투를 벌인다. 때에 따라선 상호 비방으로 얼룩지며 큰 후유증을 남기기도 한다.

2010년으로 가보자. 한나라당과 민주당은 두 달 남짓의 시간차를 두고 전당대회를 치렀다. 여기서 선출된 대표가 한나라당 안상수, 민주당 손학규 대표다. 한나라당의 경우 2위인 홍준표 최고위원이 새 지도부 출범 첫날 현충원 참배에 불참했고, 민주당은 3위인 정세균 최고위원이 마찬가지로 현충원 참배 일정에서 빠졌다. 당을 위해 헌신하겠다는 각오로 나섰던 두 후보들은 자신이 대표가 되지 못하자, 불편한 심기를 감추지 못했다.

2012년 18대 대선에서 패했던 민주통합당. 대선 패배의 아픔을 추스르고 일어서기 위해 비상대책위원회를 출범시켰다. 그리고 이튿날 아침, 어김없이 민주당 인사들은 현충원을 참배했다. 비대위원들과 당 원내지도부, 현역 의원, 당직자 등 200여 명으로 비교적 많은 인원이 참석했다. 문희상 비상대책위원장은 절절하게 호소했다. "사랑하는 국민 여러분, 도와주십시오. 사랑하는 국민 여러분 저희 민주당을 살려주십시오." 그리고 참석자들은 단체로 차가운 땅

바닥에 무릎을 꿇고, 국민을 향해 대선 패배를 참회하는 절을 세 번 올렸다. 선거 패배가 당을 이렇게 나락에 빠트리는구나 싶어 한편으로는 씁쓸하기도 했다.

국립 현충원 참배와 석고대죄 삼배를 마친 비대위원들은 자리를 옮겨 국회에서 첫 비상대책회의를 열었다. 이 자리에서 한 비대위원은 이런 문제제기를 했다. "민주당의 127명 의원들이 한마음이 돼야 한다. 오늘 아침 현충원 갔을 때 많은 의원들이 보이지 않았다. 국민들이 보기에도 민주당을 대표할 만한 의원들이 거의 보이지 않았다. 민주당의 쇄신 요구와 참패에 대한 반성이 과연 있는 것인지 국민이 보고 있다. 문희상 비대위원장 한 분이 또는 비대위원 몇 분이 어떻게 민주당을 쇄신할 수 있겠나."

외부 비대위원으로 초빙되어 온 이 인사의 쓴소리는 큰 울림으로 다가왔다. 아마 이 비대위원은 속말은 국회의원 배지를 단 민주당 의원들이 절실함이, 치열함이 없어 보인다는 말을 하고 싶었을 것이다. 아침 7시 반, 현충원에 참석하지 않은 민주당 의원들은 당에 대한 진정성까지 의심받게 됐다. 참석하지 않은 의원들은 무슨 생각을 했을까? '갔을 때 언론에 사진도 안 찍히고 들러리만 되는 것은 아닐까, 다른 중요한 일정이 있으니 안 되겠네, 내가 가야 하는 자리인가?'라고 생각한 것은 아닐까.

고도의 표심전략

정치인들의 참배는 시간과 장소에 따라 파장이 크게 달라진다. 누가 누구의 묘역을 참배했는지, 그곳에서 무슨 말을 하고 어떤 조문을 했는지에 따라 정치적 의미가 달라지기 때문이다. 일본의 극우 정치인들이 태평양전쟁 A급 전범들이 합사된 야스쿠니 신사에 참배하는 것이 참배 그 이상의 의미를 갖는 이유이기도 하다. 정치인들은 '참배'라는 의식을 정치적 메시지를 전달하는 기회로 활용한다.

18대 대선에서는 참배를 두고 후보들에 대한 평가가 이뤄지기도 했다. 각 후보들이 참배에 차별화를 꾀하면서, 메시지가 극명하게 엇갈린 탓이다. 가장 먼저 후보로 확정됐던 박근혜 후보는 현충원을 참배하며 봉하마을에 가겠다고 깜짝 발표했다. 노무현 대통령 재임 시절 "참 나쁜 대통령"이라는 발언을 했던 박 후보 입장으로선 상당히 파격적인 행보를 보인 것이다. 박 후보는 현충원에서 김대중 전 대통령의 묘역에도 참배함으로써 '대통합'을 강조하는 행보를 보였다. 물론 민주당 쪽에서는 진정성이 결여된 선거 이벤트라고 평가절하했다. 어쨌든, 이 같은 '대통합 참배' 이후 박 후보의 지지율은 급상승했다.

반면 문재인 후보의 현충원 참배엔 다소의 논란이 일었다. 문 후보가 이승만·박정희 전 대통령의 묘소에 참배를 하지 않은 것이다. 이를 두고 새누리당 진영에서는 대선 후보로서 자질이 부족하다며

'박 후보를 배워야 한다'고 목소리를 높였다. 반면 문 후보는 "진정한 반성이 있어야 통합이다. 그렇게 되면 내가 제일 먼저 박정희 대통령 묘역을 찾아 참배하겠다"고 말했다. 문 후보가 박 전 대통령 묘소에 참배하지 않은 다음, 문 후보의 지지율도 올랐다.

무소속 안철수 후보는 참배의 폭이 넓었다. 학도의용군 무명용사탑을 시작으로 박태준 전 총리, 이승만·박정희·김대중 전 대통령의 묘역, 일반 사병 묘역을 차례로 참배했다. 이승만·박정희 전 대통령 묘역을 찾지 않았던 문재인 후보와의 차별성을 나타낸 것은 향후 단일화 정국에서의 주도권 다툼을 의식한 것이라는 평가가 나오기도 했다. 인과관계의 상관성을 놓고 보면 알 수 없지만, 보다 폭넓은 참배 행보를 보인 안철수 후보 역시 지지율이 올랐다.

대통령 선거에서 수천만의 유권자들은 각자 저마다의 기준에 따라 투표를 한다. 하지만 그 속엔 '시대의 정신'이 담겨 있다. 일반적으로 한 사회를 보수와 진보로 양분할 수 있다면 우리 사회의 보수는 '산업화 세력', 진보는 '민주화 세력'이 구심을 형성하고 있다. 산업화 과정에서 경제발전을 이유로 민주주의와 인권을 희생한 것에 대한 역사적 산물이기도 하다. 신생 독립국 가운데, 유일하게 경제발전과 민주화를 동시에 이룬 점이 우리 현대사의 긍정적인 모습이라면, 우리 사회의 뿌리 깊은 이념적 갈등과 대립은 어두운 면이라 할 수 있다.

18대 대통령 선거의 두 진영, 즉 박근혜, 문재인 후보는 각각 산업화 세력과 민주화 세력을 대표하는 상징적 인물이다. 이 대결에 임하는 두 진영의 선거 전략은 뚜렷한 차이가 있었고, 이를 단적으로 보여준 것이 바로 '현충원 참배'였다. 박근혜 후보는 처음부터 '통합'을 강조하며 상대 진영의 인물까지 참배하고 수용하려는 모습을 보인 반면, 문재인 후보는 상대의 반성이 선행돼야 한다면서, 선별적 참배로 각을 세웠다. '통합'을 마찬가지로 표방했던 안철수 후보의 사퇴로 문재인 후보가 단일 후보가 되면서, 문 후보도 국민통합을 전면에 내세웠지만 유권자들에게 각인된 그의 이미지를 바꾸기는 쉽지 않았다.

박근혜, 문재인 후보, 그리고 안철수 후보까지 모두 '통합'을 내세웠던 건, 통합이 18대 대선의 주요 화두였다는 것을 방증한다. 네 편 내 편으로 나눠 대립하고 갈등하기보다 통합과 상생, 그리고 안정을 바라는 유권자의 표심, 즉 우리 시대의 정신이 담겨 있는 것이다.

정치인의 행동 하나하나가 곧 정치

정치는 정치인이나 정치세력의 철학을 구현하는 상징 행위의 연속이다. 선거에 출마한 후보들의 일거수일투족을 언론이 보도하는 이유다. 그래서 각 후보 캠프에선 보통 별도의 일정팀이 꾸려지고 정책과 메시지가 일정에 반영된다. 후보들이 어디에서 누구를 만나 어떤 방식으로 말하느냐에 따라 전달의 효과나 의미가 달라지기 때문이다. 예컨대, 대선 후보가 지역 광역·기초의원 워크숍에 참석했다고 치자. 대선 승리를 위해선 광역·기초의원들의 풀뿌리 조직력도 중요한 만큼, 이 일정은 기초조직 다지기 행보로 볼 수 있을 것이다. 후보가 노량진 학원가를 방문하고 해고노동자들의 농성장을 찾았다면, 이는 일자리 정책을 자신이 중요하게 생각하고 있으며, 흔들림 없이 추진해나가겠다는 의지를 표명하는 일정인 것이다.

특히 참배는 정치인 개인뿐 아니라 국가의 운명과 방향을 바꾸기도 하는 고도의 상징 행위다. 대표적인 것이 빌리 브란트 전 서독 총리의 1971년 폴란드 바르샤바 참배다. 그는 제2차 세계대전 희생자의 비석 앞에서 무릎을 꿇고 눈물로 사죄했고, 이 사진이 전 세계에 보도되면서 폴란드 국민과 유대인, 제2차 세계대전 전승국 국민들 마음을 움직였다. 막대한 차관 지원으로도 쉽사리 살 수 없었던 독일 통일에 대한 국제사회의 허락은 이때 시작됐다고 해도 과언이 아니다.

대선주자들의 참배는 '죽은 사람을 추모한다'는 의미를 넘어서는 어떤 것이다. 누구는 참배를 해서 지지율이 오르기도, 누구는 참배를 안 해서 지지율이 오르기도 했다. 결과는 아무도 모른다.

07 국회의원 SNS 사용설명서

'강남스타일'의 가수 싸이가 유튜브 하나로 전 세계 수십억 명에게 동영상을 노출시키며 다시 한 번 그 위력을 실감한 SNS. 정치인들 역시 SNS의 확산력과 신속성, 접근성이라는 매력에 빠져 정당의 대표 SNS와 국회의원 개인별 SNS 계정을 활발히 운영하고 있다. SNS의 등장으로 자신이 하고 싶은 이야기를 마음대로 올리고 동의를 구할 수 있게 됐다. 시간을 쪼개 재래시장, 노인정을 돌며 상인들 손을 맞잡는 대신 손끝 하나로 수만 명의 유세 인파를 운집하게 만드는 힘. 정치인들에게 SNS는 달콤하고 편리한 수단이다.

개인적인 인터뷰가 어려운 의원들은 트위터, 페이스북이 유일한 취재 수단이다. 새누리당 이재오 의원이 대표적인데, 그는 선거 유세 기간에도 어깨띠나, 유세 차량, 확성기 없이 보좌관 단 한 명만 대동하고 나 홀로 유세를 벌였다. 이런 이재오 의원이 카메라 앞에서 기자들에 둘러싸여 쉽게 인터뷰에 응할 리가 없다. 이 때문에 기자들은 주요 정치적 이슈가 터질 때마다 밤새 이재오 의원의 트위터 훑기에 여념이 없다. 한두 문장을 남기는 것에 불과하지만 그 한 문장의 정치적 파급력은 상당하다.

또 지난 2012년, 대선 기간에는 "1,000만 명이 다녀간 4대강을 대선 후보들만 가보지 않았다"는 말로 4대강을 비판하는 대선 후보들에게 따끔한 일침을 가했다. 4대강 전도사를 자임해온 이재오 의원의 뼈 있는 발언이다. 그리고 대선 이후에는 "새 정부의 국정운영에 부담을 주지 않으려면 임기 초반에 논의와 개헌을 끝내는 것이 옳다고 생각한다"는 말로 다시 개헌 전도사로 변신했다. 국회의장 산하에 헌법개정연구회를 둘 만큼 정치권이 의욕을 보이고 있는 관심사에 대해 시기와 방법까지 에둘러 제시한 것이다.

이렇게 되니 자연스레 정당 출입기자들도 바빠졌다. 유명 정치인들이 현안과 관련한 생각을 SNS에 실시간으로 올리게 되면서 이를 쫓아가기 바빠진 것이다. SNS는 기자들에게 배타적 취재 공간이었던 출입처 개념에 변화를 이끌어냈고, 출입처 정보에만 주로 의존하던 전통적인 취재 관행도 바뀌고 있다. 나만 해도 1년에 한 번 페이스북에 로그인할까 말까 하지만 선거철에는 의무적으로 주력 정치인들의 공간을 한 바퀴씩 돈다. 덕분에 예상치 못한 정보를 얻는 경우도 있지만 또 다른 취재거리를 떠안게 됐다는 번거로움도 있는 것이 사실이다.

카·페·트 선거

정치권에는 '카·페·트 선거'라는 말이 있다. SNS 가운데 대중과의 접촉면이 넓은 카카오톡·페이스북·트위터를 활용한 저비용·고효율 선거를 말한다. 한국인터넷진흥원에 따르면 20대 인터넷 이용자 10명 중 9명이 SNS를 이용한다고 한다. 이들은 투표 인증샷을 올리거나 투표소 위치를 알려 동참 분위기를 조성하고 여론을 이끄는 데 중요한 역할을 해왔다. 전통적으로 40대 이상 연령대의 투표율이 가장 높은 점을 감안할 때 20대의 투표율을 끌어올리는 데에는 SNS가 절대적 역할을 했다고 볼 수 있다.

20대를 움직이게 하기 위해 정치인들도 재빨리 SNS에 적응하고 있다. 특히 2012년 18대 대통령 선거는 SNS를 활용한 선거운동이 허용된 첫 선거였다. 선거 기간에 후보들은 하루에 열 번도 넘게 SNS 페이지를 업데이트하면서 자신의 일거수일투족을 알린다. 실시간 유세 일정은 물론 언론보도, 홍보자료, 가족과 보낸 소소한 일상까지 올리는 것이다.

의외로 50대 이상 장년층의 SNS 참여도 활발하다. "카카오톡 하려고 스마트폰 산다"고 말할 정도이다. 장년층은 카카오톡 채팅방이나 카카오스토리에서 "투표했느냐"며 확인하고 인증샷을 찍어서 공유한다. 2030세대의 전유물로 여겨졌던 카·페·트의 벽이 허물어진 셈이다. 특히 카카오톡은 5060세대의 투표 독려를 이끈 가장 강력한 수단으로 활용됐다.

SNS 빛과 그림자

하지만 빛이 강하면 그림자도 짙은 법. SNS가 정치인에게 약이자 독으로 불리는 이유다. SNS에 글 한번 잘못 올렸다가 구설에 오르고, 정치적 입지가 크게 위축되기도 한다. 스스로 친 정치적 덫에 덜컥 갇히게 되는 셈이다.

페이스북과 트위터 활동을 왕성하게 하는 민주당 정청래 의원은 박근혜 대통령의 미국 의회 연설을 겨냥해 "영어 실력은 싸이가 한 수 위인데, 박근혜 대통령은 영어로 연설하고 싸이는 한국말로 노래한다. 누가 더 자랑스러운가?"라는 게시물을 올렸다가 비난이 쇄도하자 글을 내렸다. 또 지난 대선 기간에는 "박근혜의 커닝? 이제 최첨단 수첩을 동원. 참 부끄럽습니다. 이런 사람이 대통령 후보라니"라는 글을 올렸다가 삭제하고 사과한 바 있다. 수첩을 아이패드로 오인한 해프닝이었다.

새누리당에서는 김진태 의원이 베스트 페이스북 유저Best facebook user다. 국회 본회의장 안에서도 내부 상황을 속속들이 중계하며 짤막한 소감을 남긴다. 그는 안철수 의원이 국회에 처음으로 등원한 날 "학교에 왔더니 전학 온 학생이 있다. 철수는 내 옆자리, 무성이 행님(김무성 새누리당 의원)은 내 뒤에 앉았다. 그중 한 명하곤 같이 놀기 싫은데~"라고 적었다. 이는 팬과 안티팬을 SNS 공간으로 불러 모으면서 왕따 논쟁을 일으키기도 했다.

SNS는 각종 유언비어와 흑색선전의 진원지로 지목받기도 한다. 단기간 여론의 흐름이 특히 중요한 대선에서 SNS와 스마트폰을 통한 루머 확산은 전파 속도가 입소문보다 훨씬 빨랐다. '김정남 망명설' '1조 원 비자금 세탁설' '숨겨놓은 아이 전격 공개' 등 소문들이 퍼져 나갔다. 물론 일부는 꼬리가 밟히기도 했다. SNS에 상대 후보 비방글을 올리고 이를 퍼 나른 새누리당 캠프의 십자군알바단(십알단) 실체가 선거관리위원회에 의해 적발되기도 했다.

문제는 친밀감을 가진 사람들끼리 연결되는 SNS의 특성상 진보는 진보끼리 보수는 보수끼리 모이게 된다는 것이다. SNS가 다양한 집단 간의 쌍방향 소통이라는 취지와는 무색하게 같은 편끼리의 네트워크에 더 강점을 보인다면 과연 진정한 소통의 장이 될 수 있을까.

반짝 유세의 장이 아니기를

SNS는 거스를 수 없는 시대적 흐름임에는 분명하다. 그렇다면 이 양날의 검을 어떻게 잘 활용할 것인가에 대한 고민은 정치인과 유권자 모두의 몫일 것이다. 간혹 SNS를 선거 유세의 도구로만 여기는 정치인들이 있다. 총선에 당선된 직후 지역 공약이나 정책들에 대해 궁금한 것이 있어 한 의원의 개인 페이스북에 댓글로 질문을 남긴 적이 있다. 그런데 선거 유세 기간 실시간으로 업데이트되던 페이스북은 당선 이후 활동이 눈에 띄게 뜸해졌다. 이따금 근황을 공지하거나 지지자들의 글에 반응하는 것이 전부였다. 정책에 대한 질문, 비판적인 글에 대해서는 아예 답조차 달지 않았다. 소통의 장이라는 SNS의 의미가 무색해지는 순간이었다. 선거가 다가오면 또 한 번 정치권에는 SNS 붐이 살아날 것이다. SNS를 통한 소통이 선거 기간에만 존재하는 허울 좋은 말이라면 그들의 연극에 또다시 속아줄 국민이 과연 있을까.

영국의 경우에는 SNS를 단순 소통 공간이 아닌 참여 공간으로 넓혀서 이용하고 있었다. 트위터에 총선 공식 페이지 '2010 Election'을 개설해 총선 관련 정보를 제공했고, 세 번의 TV토론 기간 중 유권자들이 SNS를 이용해 후보자들에 대한 의견을 실시간으로 공유할 수 있도록 했다. 후보자와 소수의 패널만이 참여하는 TV토론이 아니라, 모든 유권자들이 수시로 참여하고 검증할 수 있는 SNS 토론

공간을 만든 것이다. 또 영국 노동당은 트위터(@UKLabour)에 복지, 부동산, 노동 등 각종 정책에 대한 의원들의 견해를 게시하고 유권자들의 의견을 받고 있다. 보수당 역시 정당 블로그에 정책이나 사회 현안에 대한 의원 개인의 의견을 게시하고 있다. 지지자들은 이에 의견을 달 수 있을 뿐만 아니라, 페이스북이나 트위터를 통해 공유할 수 있다. 정당의 정책과 당론이 소수의 지도부에 의해 일방적으로 결정되지 않고 SNS 공간 속에서 유권자들에게까지 개방돼 있다.

SNS 계정 1,000만 시대, 이제는 얼마나 자주가 아니라 어떻게 잘 쓰느냐가 더 중요해 보인다.

08 100마디 말보다 큰 힘, 패션

완판녀, 패션 아이콘…. 어느 여배우를 칭하는 말이 아니다. 박근혜 대통령을 가리키는 수식어다. 대한민국 최초의 여성 대통령 탄생으로 새삼 여성 정치인의 패션이 관심을 끌기 시작했다. 이제 그들에게 패션은 중요한 정치 전략이자 소통 수단이다.

파워드레서 박근혜

"나는 박근혜가 뭘 입어도 예쁘더라." 2013년 2월 25일 박근혜 대통령이 취임하던 날, 취임식장을 찾은 한 노인의 말이다. 박 대통령이

막 패션쇼장 런웨이를 끝낸 것처럼 떠들썩한 SNS는 말할 것도 없고, 언제나 '정책 우선'을 강조하는 점잖은 신문들까지 '박근혜 패션'을 대대적으로 분석하는 현상을 보면서 확실히 패션 정치 시대가 왔음을 실감했다. 이후로도 박 대통령이 든 가방, 브로치, 손지갑은 완판되고 심지어 해당 제품 판매 사이트는 접속 폭주로 다운되는 일까지 벌어졌다. 단순한 동경으로 무조건적인 지지를 보내는 대통령의 팬들만이 이 완판 사태를 가져오진 않았을 것이다. 나부터도 지지 여부와 상관없이 대통령의 재킷과 스카프가 어느 브랜드 것인지에 관심이 갔으니 말이다.

알고 보면 대통령이 입는 옷 한 벌에도 고도의 정치 전략이 담겨 있다. 박 대통령은 공식 취임식 코트로 카키색을 선택했다. 카키색은 우리나라에서 '국방색'이라는 애국적인 이름으로 불리는데, 국군 통수권자이자 우리나라 최초의 여성 대통령으로서 강력한 '안보 국방의 의지'에 따라 선택한 것으로 보인다. 함께 매치한 보라색 머플러와 나비 브로치는 '미래'와 '희망'을 웅변했다. 취임식장에서 "꼭 여군 같구먼" "여자 대통령이라고 북에서 깔보지 못할걸?" 하는 웅성거림이 들렸을 정도이니 보수층에게는 확실한 메시지를 준 셈이다.

파워드레서가 되는 조건도 까다롭다. 유력 정치인이 지나치게 유행에 민감하다면 대중에게 '사치스럽다'거나 '정치적 능력과 노력이 부족하다'는 비난을 듣기 쉽다. 모든 여성 정치인이 두려워하는 치명적인 덫이다. 이 함정에 빠질까 봐 아무렇게나 입고 대중 앞에 나서다 보면 의전상의 결례를 범할 수 있고, 시대의 변화와 흐름을 모르는 구식 정치인이나 비호감 아줌마로 낙인찍혀 지지율 하락을 불러올 수도 있을 것이다.

박 대통령에게는 '대통령의 딸'보다는 '정치인'으로 인식돼야 한다는 부담과, 옷 때문에 시비에 휘말리지 않아야 한다는 조심스러움이 작용한 듯하다. 2011년 5월 당시 유럽을 특사로 방문할 때에는 국내에서 보여주지 않던 화려한 스타일로 화제를 모았다. 방문국의 상징색, 면담 대상자와 장소에 맞춰 하루에 서너 번씩 옷과 구두를 바꿨다. 이런 모습을 처음 본 국내 언론은 '패션'을 화제로 분석에 열을 올렸다. 이에 대해 그녀는 한동안 같은 옷을 입고 다니는 것으로 불편함을 드러냈다.

박 대통령은 특히 검소함을 강조하기 위해 '엘레강스' 라이선스를 받아 국내 중소업체가 생산하는 구두를 신는데, 갈색, 은회색, 감색, 검정 네 켤레를 돌려 신는다. 이 중 두 켤레는 10년 이상 됐다고 한다. 시계 또한 이미 업체에서도 생산하지 않는 30년 된 '라도'와 '론진'을 착용했다. 강조된 검소함은 사치할 여력도 없이 누구나 열심히 일해야 했던 시절을 미덕으로 기억하게 하고, '제2의 한강의 기적'이 다시 실현되리라는 메시지를 전한다. 낡은 시계와 구두, 옷에 무관심한 듯 보이며 자신의 옷이 '패션'으로 화제가 되는 것조차 싫어하는 박근혜 대통령이야말로 패션과 파워드레싱power dressing에 대해 가장 잘 알고, 이를 적극 활용하고 있는 사람이 아닐까.

그녀들은 집히는 대로 입지 않는다

그럼 이제 국회로 눈을 돌려보자. 19대 국회의원 300명 중 여성은 47명. 15퍼센트가 넘는다. 과거에 비해 눈에 띄게 늘어나는 추세다. 국회에서 의원들을 한눈에 볼 수 있는 기회는 각 당 의원총회나 본회의장에 있다. 기자석에 앉아 있으면 검은색, 감색 양복 일색의 칙칙한 남성 의원들 사이에서 유독 화사한 차림의 여성 의원들이 눈에 띈다. 남성 의원들은 "오늘 입으신 옷이 참 예쁩니다" 하고 인사말을 건넨다. 그러자 여성 의원은 "아유, 감사합니다. 의원님 타이 색이 더 곱습니다" 하고 맞받는다. 이들 중에서는 계파가 서로 다른 의원들도 있고, 한 법안을 두고 서로 다른 목소리를 내면서 껄끄러운 관계인 의원들도 있다. 그런데 의상을 매개체로 말을 섞으면서 의원들끼리 소통하는 것이다.

박근혜 대통령과 가장 많이 비교된 인물이 민주당 한명숙 전 대표다. 2012년 1월, 헌정 사상 최초의 여야 여성 대표 상견례 자리에서 기자들은 그녀들의 말을 담기보다 의상을 훑어내는 데 더 바빴다. 당시 새누리당 비상대책위원장이던 박근혜 대통령은 재킷 안에 빨간 블라우스를 입었다. 박근혜 위원장이 신중하게 고른 '파워드레싱'이었을 것이다. 새누리당의 상징색이 결정되기 전부터 박근혜

위원장은 결단이 요구될 때마다 빨간색 옷을 입곤 했다. 박근혜 위원장의 빨간색에는 소신에 대한 열정이라는 의미를 부여해도 되지만, 한명숙 대표의 스타일에서 뭔가를 읽어내면 오해일 수 있다. 이날 한 대표는 소매에 호피무늬 포인트가 들어간 재킷을 입었다. 이를 두고도 기자들은 동물이 적을 만났을 때 몸을 부풀리거나 날개를 펼쳐서 적을 상대하듯이 위압적으로 보이기 위해 호피무늬 재킷을 선택했다고 분석했다.

하지만 사실 이 재킷은 한명숙 대표가 즐겨 입는 옷이다. 그저 점잖은 갈색 정장으로 입은 것뿐이다. 한명숙 대표의 수많은 사진을 통해 그녀의 옷장을 정리해보면 감색과 감색 줄무늬 정장, 밝은 파란색 재킷, 베이지색 재킷, 와인색 벨벳 재킷, 검은색 코트 2벌과 점퍼 2벌 정도가 있음을 알 수 있다. 한명숙 대표와 이화여대 동문인 패션디자이너 안윤정 씨의 몇 년 전 인터뷰는 아직도 회자되고 있다. 한명숙 대표는 시장에서 10만 원대의 정장을 사 입는다고 한다. 게다가 자신에게 균일가로 사 간 옷도 얼마나 많이 입었는지 가슴 부분이 옷핀 자국으로 해져 있어 주머니를 덧대줬다고 한다. 싸고 튀지 않는 옷을 단정하게 입는 것, 그것이 한명숙 스타일이다.

패션 정치 시대 개막

2013년 3월, 민주당 진선미 의원은 자신의 트위터를 통해 독특한 공항 패션을 공개했다. 당시 당을 상징했던 노란색 재킷에 짙은 선글라스, 그리고 위장용인 듯 스카프를 매고 군용 전투화까지 신은 채 공항을 찾은 모습이었다. 점잖은 국회의원 신분에 평소 진 의원의 공항 패션이 이렇지는 않을 터. 분명 정치적 이유가 있었다. 정치 중립 위반 혐의로 고소·고발된 원세훈 전 국정원장의 출국을 막기 위해서다. 국정원이 지난 대선 당시 대북심리단을 운영하며 인터넷 여론 조작에 나섰다는 의혹을 받는 가운데, 원 전 원장이 이를 피해 출국하는 것을 저지하기 위한 이색적인 '퍼포먼스'였다. 진 의원은 이날 공항에 보좌진을 비롯해 참여연대 회원들도 대동했다.

이제는 정계를 은퇴한 유시민 전 통합진보당 공동대표 역시 패션으로 정치를 한 인물 중 하나다. 유시민 전 대표는 2003년 4월 당시 개혁국민정당 소속으로 보궐선거에서 당선된 뒤, 당선자 선서를 위한 첫 국회 본회의장에 흰색 면바지와 티셔츠를 입고 등장했다. 당시 한나라당 의원들은 국회를 모독했다며 공개적으로 거북함을 드러냈고 끝내 유시민 전 대표의 당선자 선서는 무산됐다. 이튿날 정장 차림으로 다시 단상에 오른 유시민 전 대표는 "튀려고 해서도, 국회를 모독하기 위한 것도 아니었다. 국회는 제 일터가 됐고, 전 일하기 편한 옷을 입고 싶은 것뿐이었다"고 항변했다. 더 나아가 "차이를 인정하고 다양성을 존중하는 의정활동을 하되 불관용과 독선엔 단호하게 맞서 싸우겠다"고 했다. 그는 패션을 잘 활용한 덕분에 첫 등원에서부터 '투사' '이단아' 이미지를 굳혔다.

이색 패션의 정치인이라면 강기갑 전 통합진보당 대표도 빼놓을 수 없다. 그는 경남 사천 출신으로 '농민 대표'임을 내세워 의정생활 내내 두루마기 한복에 흰 고무신 차림으로 지냈다. 2011년 10월에는 정부의 농촌 대책을 추궁하며 밀짚모자에 푸른색 조끼 차림인 '농군 패션'으로 등원하기도 했다. 한편 민주당 청년비례대표로 19대 국회에 첫발을 내디딘 장하나 의원은 청바지와 티셔츠가 사실상 근무복이다. '유시민 효과' 탓에 당내 중진 의원들도 이제는 "청년 의원답게 열정적이고 패기 있어 보여 좋다"고 반응한다.

시대가 변하면서 패션 정치라는 신조어가 탄생했지만 사실 과거 철저히 남성 중심인 정치권에서 여성성은 절대적으로 불리한 요소였다. 과거 5선 의원을 지낸 박순천 여사는 임기 내내 한복을 입었고, 대선에도 나섰던 김옥선 전 의원은 남성 양복을 입음으로써 여성성을 극도로 배제했다.

파워드레서와 워스트드레서의 아슬아슬한 줄타기

여성적 패션 이미지를 꽃피운 최근의 정치인은 강금실 전 법무장관일 것이다. 2006년 서울시장 선거 출마 전까지 그녀는 지적이고 자신감 있는 '커리어 우먼' 스타일로 보였다. 마치 중년의 뉴요커 같은 느낌이랄까. 그런 그녀가 유명세와 함께 보라와 핑크 의상을 주로 입기 시작했고 시장 선거 과정에서는 보라색 정장에 보라색 구두, 보라색 파시미나를 휘날리며 유세에 나섰다. 하지만 지나침은 모자람만 못한 법. 참신한 여성 정치인의 이미지는 증발하고 '세상에 이런 일이' 프로그램에 제보될 법한, 머리부터 발끝까지 보라색으로 휘감은 중년의 여인만이 기억될 뿐이다.

여성 정치인들은 '도덕적으로 결백함'을 보여주기 위해 결벽적으로 싸고 오래된 옷만 입고 아마추어적인 촌스러운 이미지를 연출해서 권력에 욕심이 없음을 피력한다. 드세다는 말을 들을까 봐 샤방샤방한 블라우스를 입고, 여성성으로 어필한다는 비난을 듣는 것이 두려워 남성 양복 같은 재킷을 걸치고 유세 차량에 오른다.

정체성에 대한 확신 없이 '정치공학적'으로 맞춰 입은 옷은 종종 재난이 되곤 한다. 미국의 대선 후보였던 사라 페일린은 지적인 이미지를 연출하기 위해 늘 무채색 단정한 정장에 올려붙인 머리를 하고 모범생 안경을 쓰고 나왔지만, 미국 내에서는 '에로 여배우가 "코스프레"한 것 같다'는 혹평을 들으며 '솔직하지 못한 아마추어 정치 지망생'이라는 인상만 남겼다. 이에 반해 영부인인 미셸 오바마는 어깨가 훤히 드러나는 화려한 드레스, 꽃무늬 원피스 등 연일 화려한 패션을 선보였지만, '고급스러운 패션 취향을 가진 미국 엘리트 여성 스타일'이라는 찬사를 받았다. 스타일이란 단지 외적인 문제가 아니라 자신의 이미지와 그동안의 정치 행보와도 밀접하게 관련이 있는 듯하다.

09 우리 정치를 말한다, 국회의사당

여의도 봄꽃축제가 열리면 윤중로를 따라 국회의사당 뒷길을 거쳐 보았을 것이다. 한 해 이곳을 찾는 인구만 해도 수백만 명. 멀리서 바라보면, 벚꽃이 화사하게 피어 있는 것이 마치 구름이 국회의사당을 안고 있는 듯한 느낌마저 든다. 우리에게 국회의사당은 어떻게 기억되고 있나.

영국과 독일의 국회의사당

영국 웨스트민스터 궁의 의회 공간을 보면 참 특이하다는 생각이 든다. 이곳에는 옆 사람과 무릎을 나란히 하며 앉아야 하는 긴 의자들이 죽 늘어서 있다. 반대 입장을 가진 두 정당이 서로 얼굴을 마주보고 앉아 토론을 펼쳐야 하는, 다소 시대에 뒤떨어진 자리 배치다.

상원, 하원 모두 붉은색의 스워드 라인sword line(서로 칼을 휘두르지 못하도록 그어놓은 선)이 그어져 있는데, 이는 옛날 영국 의원들은 기사 출신이 많아 의견이 충돌하면 칼부림이 나곤 해서 아무리 긴 칼로도 상대방을 찌를 수 없도록 거리를 유지하게 만든 것이다.

고전적인 자리 배치, 스워드 라인…. 17세기 말 이후 지금까지 영국은 형식을 보수적으로 고수하는 듯 보이지만, 현재의 의회 공간에서 양당이 양보 없는 논쟁을 벌여왔고, 그것이 곧 지금의 영국 정치를 만들었다. 공간의 형식이 정치문화를 좌우하는 대표적인 케이스다.

한편 독일을 잘 아는 지인에게 독일에서 꼭 가봐야 할 관광지를 추천해달랬더니, 주저 없이 베를린 국회의사당, 라이히슈타크를 꼽는다. 독일 국회의사당에서 가장 사랑받는 공간은 돔 꼭대기에 있는 전망대다. 커다란 유리 돔이 대회의실에 자연 채광을 유도하고 있고, 유리 돔은 그곳을 찾은 국민들과 관광객들이 본회의장 내부를 잘 들여다볼 수 있게 해준다. 채광을 위해 설치한 것이지만 의정활동의 투명성을 드러내주는 장치가 되는 것이다.

방문자들은 유리 돔 주변의 경사로를 따라 오르면서 의회가 일하는 모습도 보고 도시의 전경도 함께 즐길 수 있는데, 유리 사이로 아래가 내려다보이기 때문에 방문객들은 의원들의 머리 위를 오간다는 인상을 받는다고 한다. 국민의 힘을 상징적으로 표현한 장치다. 독일 국민들은 이 공간을 오가며 자신들이 의회의 주인임을 자연스레 느끼게 되고, 의원들 역시 자신들의 위치를 정확히 알고 국민을 위해 일해야 한다는 소명을 확인하게 된다.

푸른색 돔, 그 이상의 여의도 국회의사당

우리 국회의사당을 떠올려보자. 한강변에 우뚝 솟은 장엄한 국회의사당은 푸른색 돔이 인상적이다. 그러나 여의도의 비싼 땅덩어리에 넓은 잔디광장과 큰 건물은 비판의 대상이 되곤 한다. 회의장을 떠올리면 널찍한 의원 좌석은 비어 있기 일쑤이고, 고함과 호통이 난무했던 기억만 난다. 대한민국 정치의 중심, 민주주의의 본산, 민의의 전당의 현 주소다.

우리가 잘 아는 푸른색 돔이 있는 건물이 국회의 회의장이 있는 본관이다. 지붕에 돔을 얹고 커다란 기둥을 건물 외곽에 촘촘히 박은 그리스 로마의 건축양식을 계승한, 서양의 고전주의 스타일 건축물의 모습과 비슷하다. 국회 본관은 석조건물로서 현대식 건축양식에 한국의 전통미를 가미하여 건축되었다. 밑지름이 64미터인 육중한 회녹색 돔은 처음 만들어졌을 때는 동판 자체의 붉은색을 띠었지만 시간이 지나면서 동판이 녹슬어 점점 지금과 같은 색으로 변하게 되었다. 돔은 국민의 다양한 의견들을 찬반토론을 거쳐 하

국회 전경

본회의장(왼쪽)과 본회의장 의원석(오른쪽)

나의 결론으로 이끌어낸다는 의회 민주정치의 본질을 상징하고, 처마를 받쳐주는 기둥은 24개로, 24시간 24절기 내내 국정에 최선을 다한다는 뜻을 담고 있다.

본관 안을 들어가면 로턴다홀이 펼쳐지는데, 중앙의 노란색은 태양을 상징하고 24개의 선은 햇살을 의미함과 동시에 선이 모아지며 하나가 된다는 점에서 국민의 단합을 상징한다. 로턴다홀을 지나면, 의원 300명이 앉아 회의하는 공간인 본회의장이 나온다. 우리가 TV뉴스에서 자주 접했던 곳인데, 다른 어디서 본 듯한 느낌이 들었다면 유엔 총회의장이 반영되어 그럴 것이다. 본회의장의 규모 또한 전 세계 어느 민주주의 국가의 회의장보다 크다는 점에서 비난의 대상이 되곤 했는데, 이는 건립 시기부터 통일 이후를 고려했다는 설명이다. 지금이야 여의도가 정치와 경제의 중심지이지만 현 국회의사당이 문을 연 1975년도만 하더라도 허허벌판에 미군이 사용하던 비행장과 땅콩 밭이 전부였다고 한다. 본회의장을 비추는 광천정은 365개의 전구로 이루어져 있다. 1년 내내 국회의 불이 꺼지지 않고 의정활동을 충실히 수행하겠다는 의지를 표현한 것이다.

국회의사당은 나름 건축의 당대성을 반영하고 있지만, 전문가들로부터 권위주의적이고 위압적인 건물로 평가되기도 한다. 국민들의 시각은 어떨까? 국회의사당 건물에 이런 깨알 같은 의미가 담겨 있다는 사실을 국민들은 알까? 알았다면 오히려 비난의 화살을 퍼부었을 것 같다.

제2의원회관 '호화' '혈세 낭비' 논란이 아쉬운 이유

19대 국회의원들의 일터가 된 제2의원회관은 '호화판' '호텔급'이란 비아냥거림에 '혈세 낭비'라는 비판까지 들었다. 거의 모든 언론이 일도 제대로 하지 않는 국회가 사무 공간만 두 배로 늘렸다는 식으로 비판했다. 한 보좌관은 기자들도 의원회관을 하루에도 몇 번씩 다니니까 구 의원회관이 얼마나 비좁은지 알고, 업무 공간을 넓혀야 한다는 데 동의하면서도 그렇게 비판을 하더라며 억울함을 호소했다.

실제로 구 의원회관은 의원실당 10평 남짓한 방을 배정했다. 국회의원과 보좌진 9명을 위한 책상이 다닥다닥 붙어 있고, 온갖 서류 뭉치들과 자료들이 탑처럼 쌓여 있었다. 일반 회사는 물론 다른 관공서의 업무 환경에 비해서도 뒤떨어지는 편이었다. 그도 그럴 것이, 구 의원회관은 국회의원 1인당 보좌진 3~4인을 기준으로 건립되었다고 한다. 물론 국회가 수천억 원의 돈을 사람에 투자하기보다 건물 짓는 데 썼다는 것에 아쉬운 마음이 들 수는 있다. 그러나 인프라에 대한 투자도 필요한 법이다. 그러니 제2의원회관 신축과 구 의원회관 리모델링에 들어간 돈을 혈세 낭비가 아닌 국회 역량 강화를 위한 장기적 관점의 투자로도 볼 수 있지 않을까.

국회는 대한민국의 법을 만들고, 행정부를 감시하고 수백조에 달하는 정부의 예산안을 심의하는 막중한 업무를 담당하고 있다. 언

제2의원회관

론에 국회는 매일같이 싸움만 하는 곳처럼 비춰지지만 사실 대부분의 의원들과 보좌진들은 입법과 행정부 감시를 위해 부지런히 일한다. 그리고 국회가 일을 더 잘하기 위해서는 묵묵히 일하는 이들에게 더 많은 지원이 필요한 것이 사실이기도 하다. 입법부의 행정부 견제가 제대로 작동하려면 국회의원은 물론이고, 보좌진들의 능력이 각료들의 전문성을 뛰어넘어야 한다. 그러기 위해서 역량 강화를 위한 투자는 꼭 필요하다. 물론 추가비용이 들고, 그 비용은 고스란히 국민의 몫이 된다.

그러나 국회가 밥값만 제대로 할 수 있다면 국회에 대한 투자는 결과적으로 국민에게 이익으로 돌아온다. 제대로 예산을 심의하고 그 집행을 감시함으로써 행정부의 세금 낭비를 바로잡고, 국민들의 삶을 챙기는 입법활동에 전문성을 발휘한다면 이런 투자는 상쇄하고도 남는다. 국민들이 국회에 대한 투자를 흔쾌히 동의해줄 수 있을 만큼 신뢰를 회복하려면 국회의 모습이 달라져야 한다. 물론 정치를 바라보는 국민들의 인식도 이제는 변화할 때가 됐다.

국민의 손을 잡아줄 수 있는 친숙한 국회

베를린 국회의사당은 1993년에 지어진, 얼마 안 된 건축물이지만 프랑스 파리에 가서 에펠탑을 보고, 이탈리아 로마에 가서 콜로세움을 방문하는 것처럼 베를린을 찾는 외국인들이 가장 가고 싶어하는 곳이다. 특이한 것은 독일 국민들의 인식이다. 독일 국민들은 베를린 국회의사당을 누구나 자유롭게 이용할 수 있는 공공시설처럼 인식하고 있다. 문득 한 기자가 이런 이야기를 했던 것이 생각난다. "나는 기자이고 출입증도 있는데 국회를 지키고 있는 경찰들을 보면 들어오지 못할 곳을 가는 것 같아." 이처럼 국회를 범접하기 힘든 다른 세상의 성처럼 느끼고 있는 우리와는 달리, 독일은 정치를 바라보는 태도 자체부터 다르다.

상황이 이렇기에 SBS 드라마 〈내 연애의 모든 것〉의 최초 국회 경내 촬영은 반가웠다. 최근 국회 방문객이 일평균 5,000명에 달하고 있는 점을 고려하면 그리 놀랄 일은 아니지만 과거, 영화 〈대한민국 헌법 제1조〉가 국회 경내 촬영을 퇴짜 맞고 배우 예지원이 국회 월담을 강행했던 것을 떠올리면 장족의 발전이다. 국회 사무총장으로서는 비교적 젊은 편에 속하는 정진석 총장은 〈내 연애의 모든 것〉의 촬영이 국회의 긍정적 이미지 제고와 열심히 일하는 국회의원의 모습을 보여줄 수 있다는 판단을 내렸다고 밝혔다. 드라마 속에 일부 풍자요소는 있지만, 드라마와 영화를 통해 소개된 촬영 장소가 우리 국민은 물론 외국 관광객들에게까지 사랑받는 유명 관광지가 된 사례가 많은 것처럼, 이 드라마를 통해 국회도 꼭 한번 가보고 싶은 명소로 자리매김하길 기대했다고 한다.

그의 기대는 어느 정도 맞아 떨어졌다. 〈내 연애의 모든 것〉의 시청률은 낮았지만 해외 반응은 뜨거웠는데, 미국 CBS는 이 드라마가 국회의 이야기를 다루고 국회를 배경으로 촬영한다는 점을 주목하며 제작 현장을 찾기도 했다. 국회사무처는 국회 방문 50만 시대를 맞이해 참관 서비스 개선에 중점을 두겠다고 밝혔다. 대한민국을 이끌어 갈 어린이 및 청소년을 위한 프로그램을 개발하는 등 국민 속으로 보다 더 쉽고 깊숙이 들어가겠다는 계획이다. 기본은 함께 한다는 것. 국민의 작은 요구도 놓치지 않고 적시에 행동으로 옮기려면 국민과 가장 가까이에 있어야 한다. 국회가 언제나 국민의 손을 꼭 잡고 호흡을 맞추어 동행할 수 있도록 국회의원은 물론 국회 직원들도 한뜻으로 업무에 충실해야 한다.

민주주의 국가의 의회는 국민이 주인이다. 그것이 주인의 얼굴을 보여주는 국회의사당이 어떤 모습이어야 하는지 고민해야 하는 이유다. 가장 불편하고 좁은 의회 공간을 유지하고 있는 나라 영국, 한때 분단의 상징이었지만 새로운 시대의 새로운 정치를 공간으로 보여주고 있는 나라 독일. 우리 정치를 대표하는 공간, 국회의사당은 과연 지금 무엇을 보여주고 있는지 한번쯤 생각해봐야 할 때다.

10 금배지, 어느 방에 사니?

국회로 출근한 지 얼마 지나지 않았을 때의 일이다. 팀장님이 자리로 부르셨다. "기자가 자리에서 인터넷 기사 클릭하고 있는 건 무능한 거야. 나가서 의원회관 한 바퀴 돌고 의원이든 보좌관이든, 누구든지 만나서 그날그날 보고해."

국회 의원회관. 의원과 보좌진이 머무르며 입법 사항을 다루고 정치적 결정을 내리는 곳이다. 여야가 대치하는 민감한 시기나 국정감사 기간에는 24시간 불이 켜져 있는 경우도 많다. 민원인들과 피감기관들이 찾아와 민원을 제기하는 등 온갖 현안이 이곳에서 다뤄진다.

의원회관이 어디에 붙어 있는지도 아직 모를 때 내게 그 지령은 공포였다. 오전 기사를 마감해놓고 점심시간 이후부터는 회관을 배회했다. 딱히 만날 사람이 정해져 있는 것도 아니었기에 미로 같은 의원회관 곳곳을 돌면서 기웃거렸다. 그 와중에 든 궁금증이 '이 많은 방들은 모두 어떤 규칙으로, 어떤 사연으로 배치된 것일까?'였다.

장유유서 원칙

몇 달 동안 특별한 용건도 없이 의원회관을 뱅글뱅글 돌면서 나는 회관 안내도우미가 다 되어 있었다. 복도를 걷다 보면 나를 가장 아는 척해주는 사람들이 지역구에서 올라온 민원인들이다. "아가씨. ○○○ 의원실을 찾아가려고 하는데 어디요?" "580호가 어느 쪽이요?" 아는 대로 방향을 설명하기도 하고 가는 방향이면 모셔다드리기도 했다. 그도 그럴 것이 미로 같은 의원회관에서 초행길에 길을 찾기란 신의 능력에 가깝다.

당선인 딱지를 뗀 현역 의원들이 4년 동안 머물게 될 보금자리는 301호부터 1024호까지. 공평하게 가나다순도 아니고 지역구별, 정당별도 아니다. 그렇다면 그들의 방은 누가, 어떤 기준으로 정해주는 것일까.

우선 국회사무처는 당 의석수 비율에 맞춰 정당별로 의원실을 정해 각 당 원내 행정실에 전달한다. 각 당 원내 행정실에서는 의원들로부터 희망하는 방을 접수받는다. 희망하는 방이 겹칠 경우에는 불꽃 튀는 경쟁을 해야 한다. 원칙은 몇 선 의원인지 가리는 '선수選數'를 가장 우선으로 하고 선수가 같은 의원이라면 '나이'순으로 정한다. 이렇게 배정표를 작성해 국회사무처에 제출한다.

특히 2012년 19대 국회는 기존의 비좁은 의원회관 건물을 증축 공사하면서 방의 크기는 물론 호수, 위치까지 모든 것이 뒤바뀌어 방 배정의 새로운 역사를 남겼다. 그동안은 층수별로 전망이 어떤지, 환기는 잘 되는지 정도만이 고려 대상이었다면, 증축된 의원회관은 건물 가운데를 정원으로 두고 기존의 ㄷ자 형태의 건물에서 ㅂ자로 바뀌었기 때문에 방 선택 기준이 더욱 까다로워졌다. 일단 자리를 잡으면 4년을 지내야 하는 곳인데, 하루 종일 볕도 들지 않고 시끄러운 소음에 시달려야 하는 방이라면 우울할 수밖에 없을 것이다. 이 때문에 당에서 정한 의원회관 방 배정 원칙도 남다르다. 최고의 전망권은 국회 분수대와 잔디가 마주 보이는 정면이고, 그 다음은 후생관 쪽 측면, KBS 쪽 측면, 당산동 방향 순으로 매겼다. 등급별로는 6층을 로얄층으로 정해 배정한다. 또한 같은 층에서는 중앙에서 좌우측 순서로 순번을 나눴다.

구관이 명관?

과거 의원회관 로열층은 2~3층이었다. 계단으로 걸어다니기 부담

없는 저층을 중진 의원들이 선호했기 때문이다. 당시에는 당이 중심이 됐기 때문에 의원회관 활용도가 낮았고 그래서 풍광보다는 접근성이 중요했다. 이 때문에 김영삼 전 대통령이 썼던 방을 중심으로 상도동계가 2층에, 동교동계가 3층에 포진됐다. 자민련 김종필 총재를 비롯한 실세들도 2층을 썼다.

시대의 흐름과 함께 신 로열층도 생겨났다. 19대 국회에서 의원회관은 기존의 구관, 새로 증축한 신관으로 나뉘는데, 독립된 동을 지은 것이 아니라 기존의 건물 벽을 터서 이어붙인 식이어서 건물이 하나로 통한다. 신관은 지하 5층, 지상 10층 규모의 크고 쾌적한 환경을 자랑한다. 신관에만 192개 방을 갖췄다. 300명의 의원들 중 나머지 108명은 구관을 이용하게 되는 셈이다. 국회 개원 당시 신관의 인기가 압도적으로 높았다. 1989년에 세워진 구관에 비해 의원실은 두 배 가까이 넓어졌고, 의원방 안에는 별도의 침실과 화장실이 있다. 민원인 대기실이나 간담회장으로 활용 가능한 회의실이 마련되고 책상이나 텔레비전 등 모든 비품이 새것으로 채워졌다.

3선 이상의 다선 의원들이 이 신관에 포진됐는데, 그중에서도 한강과 양화대교가 한눈에 내려다보이는 6층에서 10층까지의 북향 로열층에 지원자가 몰렸다. 새누리당은 박근혜 대통령과 친해 친박계로 분류되는 실세들이, 민주당은 원내지도부와 당권주자들이 각각 이곳을 배정받았다. 이 중에서도 6층 620호는 박근혜 대통령이 썼던 방을 중심으로 왼쪽 오른쪽 모두 당시 원내대표와 정책위의장이 자리 잡았다. 대각선 방향에는 원내대변인이 포진해 그야말로 실세층으로 불릴 만했다. 민주당 역시 원내대표, 원내수석부대표가 나란히 6층 로열뷰에 앉았다.

신관에만 인기가 집중된 것은 아니다. 오히려 '구관이 명관'이라며 기존 방을 고수하는 의원들도 있다. 7선의 정몽준 의원은 국회에서는 최고 어른이어서 의원실 방 배정에 있어 일순위 권한을 갖고 있지만 기존에 사용하던 762호를 고수했다. 최경환(3선), 박주선 의원(4선)도 신관으로 옮기지 않고 쓰던 방을 계속 쓰고 있다. 마음만 먹으면 얼마든지 최상의 조망권을 가진 방에 입주할 수 있는 중진 의원들이 시설 좋은 신관으로 옮기지 않고 굳이 구관을 고수하는 이유는 다양하다. 첫째는 의원의 방을 기억하고 있는 지역구 민원인을 위한 배려이고, 둘째는 새집증후군에 대한 우려다. 하지만 진짜 이유는 따로 있다.

국회의원실의 정치학

의원회관 리모델링 공사는 생각보다 일이 복잡하다. 2,700명가량의 직원들을 한꺼번에 옮겨놓고 공사할 수 없기 때문에 구역을 나눠 단계별로 진행했다. 옆방이 공사하는 동안 소음과 먼지 날림을 감수해야 했고, 내 방이 공사하는 동안은 임시 회의실로 컴퓨터 책상을 옮겨야 했다. 그런데 의원들이 처음부터 넓게 지어진 신관을 마다하고 임시 의원실에서 메뚜기 생활을 하면서도 구관, 자신이 쓰던 방을 고집하는 데에는 나름의 애틋한 사연이 있다.

민주당 박지원 의원에게 615는 단순 숫자조합 이상의 의미를 갖는다. 남북 6·15 공동선언의 주역이라는 의미를 살리기 위해 2008년 18대 국회 때부터 615호를 고수하고 있다. 당초 신관 평면도에서는 615호가 한강이 보이지 않는 곳에 위치해 있었는데 앞방과 번호를 바꿔달면서까지 615호를 고수했다. 박지원 의원의 615 사랑은 인터넷 곳곳을 통해서도 엿볼 수 있다. 트위터, 페이스북, 이메일은 물론 개인 홈페이지 주소까지 모두 jwp615다.

6선을 지낸 이상득 전 의원은 초선 때부터 4·19혁명에서 따온 419호를 썼다. 한편 새누리당 남경필 의원은 17년 만에 구관 412호를 떠나 신관으로 옮겼다. 412호는 아버지인 남평우 전 의원(14, 15대)이 사용한 방이라 그로서는 애착이 남달랐지만 리모델링되는데다 층수도 바뀌어 더 이상 그 방을 고집할 이유가 없었다고 말한다. 또 민주당 문재인 의원은 신관 325호에 들어갔다. 조금은 낮은 층에 위치한 이유, 방 번호를 거꾸로 하면 5.23 노무현 대통령의 서거일로 그 의미를 찾는다면 찾을 수 있겠다.

장수방, 낙선방, 실세방

4년 후 여의도 재입성을 위해 뛰어야 하는 국회의원들에게 과거 방

주인의 당락 이력은 결코 흘려들을 수 없는 정보다. 우선 643호실은 입주한 의원마다 중도에 짐을 싸서 나가게 된다는 괴담의 진원지로 유명하다. 2000년, 16대 국회 때 이 방에 들어간 당시 새천년민주당 박주선 의원은 뇌물수수 혐의로 구속되어 임기 5개월을 남겨두고 방을 나가야 했다. 또 4년 뒤 17대에선 열린우리당 이철우 의원이, 또 그 4년 뒤 18대에선 한나라당 홍장표 의원이 잇따라 선거법 위반으로 의원직을 잃으면서 방 주인들을 줄줄이 단명시켰다.

이와 함께 428호와 444호도 비슷한 이유로 의원들이 기피하는 방 중 하나로 손꼽힌다. 17대 국회에서 428호를 썼던 한화갑 전 의원이 의원직을 상실했다. 김홍업 전 의원이 재보선에서 당선되어 방을 물려받았지만, 18대 공천에서 탈락했고 무소속으로 출마했다 낙선했다. 또 4자가 반복되고 있는 444호는 한나라당 의원들의 무덤으로 불린다. 이 방을 썼던 16대 김낙기 의원과 17대 정종복 의원이 모두 낙선했다. 정종복 의원은 2009년 재보선에도 출마했지만 또다시 떨어졌다. 이 같은 이유로 기피되던 방은 2008년 18대 국회가 개원하면서 민주당 원혜영 의원 자리로 돌아갔다. 원혜영 의원은 14대 국회에서 이 방을 쓰면서 자신이 원내대표까지 지냈던 기억을 떠올리면서 "모두가 안 들어오려고 한다면 내가 쓰겠다"고 말했다.

반대로 머물렀던 의원들이 모두 재선, 3선, 4선에 성공하면서 기운 좋은 장수방으로 통하는 곳들도 몇몇 있다. 4선의 민주당 임채정

전 의원과 정세균 의원이 쓰던 방이다. 그런가 하면 청와대 정무수석을 줄줄이 배출한 방도 있다. 3선을 지낸 정진석 전 청와대 정무수석이 재선 때까지 쓰던 310호가 그곳이다. 이후에 들어온 김효재 의원도 청와대 정무수석으로 발탁되면서 방 물려주기 인연이 화제가 되기도 했다. 전·현직 대통령이 썼던 방 중 YS가 썼던 방은 8년 만에 국회로 돌아온 강창희 의원이, MB가 썼던 방은 정의화 의원이 사용하고 있다. 두 사람은 공교롭게도 19대 상반기 국회의장 자리를 놓고 격돌했는데, 결과는 강창희 의원의 승리. 이를 놓고도 'YS가 MB보다 기가 센 것 아니냐'는 농담이 있었다. 하지만 19대 국회 들어 의원회관 신관이 등장하면서 김대중, 노무현 전 대통령을 배출한 구관의 방들 몇몇은 역사 속으로 사라지게 됐다.

이렇게 25년의 세월을 거치면서 의원회관 방 곳곳에 저마다 사연과 전설이 내려오고 있다. 재미있는 것은 볕이 잘 들지 않는 후미진 방에 자리 잡게 된 의원들은 먼저 풍수지리부터 따진다는 것이다. 풍수가가 직접 의원회관으로 왕림하기도 한다. 엘로드 검사를 한 뒤 수맥이 잡힌다, 기운이 안 좋다는 소리를 듣고 당에 방 교체를 요구하거나 가구 배치를 바꾼 의원실도 있다. 실제로 한 의원실은 예전 방주인이 쓰던 가구를 들어내니 방 모서리마다 수맥 잡는 동판이 붙어 있었다고도 한다.

방 전쟁, 그 유치함에 대하여

대통령 명당 자리, 로열 라인을 차지하기 위한 싸움은 개원 초기마다 반복된다. 방 배정에 불만을 품은 의원들은 실무를 담당하는 원내 당직자들을 붙잡고 얼굴을 붉히기도 하고, 미리 좋은 방을 배정받기 위해 원내대표, 원내수석부대표를 찾아가 읍소하는 상황도 빚어진다. 특히 의원회관 방 배정의 새로운 역사를 쓴 19대 국회에서는 일부 의원들의 유치 행태가 더 눈에 띄었다. 리모델링 공사를 거치면서 누군가는 임시 사무실을 써야 하기 때문에 회관뿐 아니라, 국회의사당 본관에도 45평대 사무실을 가진 의장단, 상임위원장 20여명이 나중에 의원회관 사무실을 양보하는 것으로 여야가 합의했다.

그런데 막상 1차 리모델링 공사 후 약속한 시일이 다가오자 일부 힘 있는 의원들이 딴소리를 하면서 일이 틀어졌다. 일부 다선 의원들이 괜히 신관 방을 뺐다가 나중에 리모델링이 완성된 사무실로 둥지를 틀 때 지금처럼 좋은 방에 배정받는다는 보장이 없다는 이유로 버틴 것이다. 대체로 고층 로열 박스권을 꿰찬 의원들이다. 4년 동안 매일같이 드나들어야 하는 곳이니 좋은 곳에 터를 잡고 싶은 심정이야 이해하지만, 문제는 이 때문에 피해를 본 의원들이 생겨났다는 점이다. 한 초선 의원은 지금의 사무실에 안착할 때까지 1년 동안 세 번이나 짐을 싸고 풀었다. 처음 이사한 곳도 회의실을 궁여지책으로 급조한 곳이었다. 그 사이 우편물 배달을 위한 주소는 물론 명함을 세 번이나 다시 제작해야 하는 번거로움을 겪었다.

국회 의원회관. 의원과 보좌진에게는 단순한 사무실 이상의 공간임에는 분명하다. 하지만 민의를 대변하는 국회의원이 어디서 일을 하느냐보다 어떤 일을 하느냐가 국민들에게는 더 중요하지 않을까.

11 편의점, 커피숍, 예식장까지 없는 게 없는 국회

국회 상주인원은 6,000여 명. 국회의원과 보좌관, 국회사무처 직원에 상시 출입기자를 포함한 적지 않은 숫자다. 국회를 방문하는 민원인까지 치면 일일 1만여 명이 북적거리는 삶의 터전이다. 국회를 속속들이 들여다보면 미처 몰랐던 숨겨진 사실도 발견할 수 있고 국회도 사람 사는 곳이구나 하는 생각이 들 정도로 아기자기한 면도 찾을 수 있다. 그렇다면 일반인들은 잘 알지 못하는 국회의 명물은 무엇일까?

없는 게 없다!

다음 중 대한민국 국회에 없는 것은 무엇일까?

① 한의원 ② 미용실 ③ 의원 전용 엘리베이터 ④ 지하 통로

정답은 ③번 의원 전용 엘리베이터다. 국회의원들도 일반인 방문객, 보좌진들과 똑같은 엘리베이터를 이용하고 있다. 과거 국회 본관과 의원회관 엘리베이터엔 의원용이란 팻말이 붙어 있는 엘리베이터가 있었지만 특권의식과 권위주의라는 비판을 받으면서 결국 2004년 9월 '의원용' 팻말을 떼어냈다. 다만 의원 전용 출입문은 여전히 남아 있어 일반 방문객들은 의사당 본관의 앞이 아닌 뒤편으로 돌아 들어가야 한다.

바쁜 국회의원들과 국회직원들을 위한 이발소와 미용실도 있다. 국회의사당 본관 1층에 자리하고 있는데, 대선 후보이기도 했던 문재인 의원이 단골로 유명하다. 총리이기도 했던 한명숙 의원을 인터뷰하기 위해 어떤 기자는 국회 미용실에 수시로 드나들기도 했다. 한 의원이 공식 회의 석상이나 행사장이 아닌 이 국회 미용실에 자주 들른다는 정보를 입수했기 때문이다. 한명숙 의원은 국회에 처음 입성한 이후로 국회 미용실을 이용해왔고, 국회를 떠났던 총리 재직 시절에도 종종 들러 간단한 커트나 드라이를 하고 갔다고 한다.

미용실 내엔 의원 전용 방이 별도로 마련되어 있다. 국회 이발소와 미용실은 입찰을 통해 입점했기 때문에 임대료가 다른 곳에 비해 저렴한 만큼 상대적으로 이용 가격도 '착하다'. 또 여야가 첨예하게 대립해 각 상임위와 회의장 점거로 이어지면 밤샘을 한 의원들이 머리를 감고 손질할 수 있는 요긴한 곳이 되기도 한다. 20년 넘게 국회의원들의 머리를 한 미용사들이기 때문에 특별한 노하우도 있다. 이발소 단골인 한 의원은 다른 곳은 머리를 손질하고 난 뒤 스프레이를 뿌려 고정시키면 끝인데 이곳 이발소에선 물수건으로 머리를 매만져준다고 전했다. 반짝반짝 빛나는 국회의원 특유의 2:8 헤어스타일의 비밀은 여기에 숨어 있었다.

이 밖에도 본관에는 규모는 작은 편이지만 직원들이 애용하는 세탁소와 구두수선방, 우체국, 농협, 새마을금고 등이 있다. 치과와 내과, 한의원도 있는데, 국회 의무실 개념이다.

미니 백화점, 국회 후생관

국회에는 서점과 꽃집, 약국, 화장품 가게, 안경점, 빵집 등 각종 편의시설도 있다. 이처럼 국회 직원들의 편의를 위한 다양한 매장들이 모여 있는 건물이 바로 후생관인데, 국회의사당 뒤편에 자리하고 있다. 외부 방문객들도 많이 이용하는 커피점과 분식점이 특히 인기인데, 점심시간 전후로는 순번을 알리는 대기번호를 받아야 할 정도로 손님이 북적인다. 분식점에서는 김밥, 라면 같은 기본적인 메뉴부터 순대, 떡볶이도 인기이고, 커피점에서는 커피 메뉴 외에도 아이스크림이 오후면 동이 나는 메뉴다. 꽃집은 계절마다 다양한 꽃과 화분을 갖추고 있는데다 인심이 넉넉한 편이어서 국회직원들이 즐겨 찾는 곳이다.

왼편에는 농협에서 운영하는 하나로마트가 있는데, 간단하게 장을 볼 수 있어 주부인 국회 직원들이 퇴근길에 들러 장을 봐 가기도

후생관 외부(위)와 내부(아래)

하는 등 널리 이용되고 있다. 이밖에도 후생관에는 치약과 비누 등 생활용품을 파는 가게와 건강식품 코너, 사진관, 여행사, 문구점, 퀵서비스까지 있어 웬만한 사무는 후생관에서 다 해결이 가능하게 해놨다. 가격이 궁금하다고? 직원 대상 매장이다 보니, 기본 가격 자체가 외부보다 비싸지 않다.

또 후생관 2층에는 예식장도 있다. 국회의원과 국회의원 자녀, 국회 직원이나 직원 자녀들의 예식을 위한 장소로 대여료는 15만 원이고, 식 진행과 피로연 식사 등은 별도로 준비해야 한다.

태권브이는 없지만 와인과 지하 통로는 있다

'나라가 위험해지면 국회의사당 지붕 뚜껑이 열리면서 태권브이가 나온다?' 누구나 한번쯤 들어봤을 법한 유머다. 국회의사당에 태권브이는 없지만 와인은 숨겨져 있다. 국회 본관 정면에 위치한 해태상 밑에는 한 쌍 좌우로 36병씩 모두 와인 72병이 묻혀 있다. 해태는 상상의 동물로 불이나 분쟁, 화재를 물리치는 신수이자 이상정치의 표상을 의미한다. 국회의사당 준공 당시 국회 사무총장이었던 선우종원 변호사의 회고록 《나의 조국 대한민국》에 따르면, 이 해태상은 1975년 여의도 국회의사당 건립 당시, 고증 자문위원이었던 소설가 월탄 박종화 선생의 건의로 세워졌다고 한다. 조선시대 경복궁이 큰 화재로 전소된 뒤 복원공사 때 해태상을 세워 이후 화

해태상

재를 예방한 바 있다는 것. 문제는 예산이었는데, 해태상을 브랜드 이미지로 썼던 해태제과의 도움으로 3,000만 원을 들여 조각했다고 한다. 해태제과는 이 해태상 외에도 와인을 함께 기증했는데, 이 와인은 의사당 준공 100주년이 되는 2075년에 개봉될 예정이다.

국회에 숨겨진 또 다른 비밀 장소는 지하 통로다. 국회 경내엔 본회의가 열리는 본청 의사당을 중심으로 오른쪽에 도서관과 의정관, 왼쪽에 의원회관이 자리 잡고 있는데, 이 네 건물은 T자형의 지하도로 연결되어 있다. 통로는 지하실 특유의 어둡고 습기가 있는 느낌이 단점이지만 비가 오는 등 날씨가 궂을 때는 인기가 좋다. 통로 벽면에는 의원들이 직접 쓴 서예나 사진, 미술 작품이 걸려 있어 지하가 주는 답답한 느낌을 해소해주고 있다.

그렇다면 국회 참관인들도 지하 통로를 이용할 수 있을까? 안타

깝게도 국회 지하 통로는 엄격하게 출입을 관리하고 있다. 각 출입구엔 국회 방호직원들이 근무하고 있는데, 출입증을 지니고 있지 않으면 이동이 불가능하다. 이용 시간도 오전 6시에서 오후 8시로 제한되어 있다. 또 본관에서 회의가 진행 중일 때는 열려 있지만 산회 두 시간 뒤엔 폐쇄된다.

아담한 숲으로 이뤄진 국회 의원동산(구 양말산)은 국회의사당 오른쪽에 자리하고 있는데, 10여 가지 조각 작품이 있는 열린 문화공간이다. 특히 한강을 조망할 수 있어 연인들이 찾기 좋은 장소다. 최근엔 한옥이 지어져 고풍스런 느낌까지 더했는데, 이것이 바로 전통 한옥의 아름다움을 한껏 살린 국회 내 한옥 '사랑재'다. 경복궁 경회루와 동일한 건축양식에 따라 90년이 넘은 강원도 소나무로 지어졌다. 국회의 외빈과 국빈 접견을 위해 건축되어 내부엔 회의실과 접견실 등의 공간을 갖추고 있다. 연간 세계 각국의 외빈 일행이 국회를 찾는 횟수는 150건 이상. 사랑재에서는 오찬이나 만찬을 통해 한국의 맛과 멋을 알리고 있다.

사랑재의 첫 손님은 2011년 5월 G20회의를 위해 우리 국회를 찾은 주요국 국회의장들이었다. 각국 대표들은 사랑재에서 야채비빔밥 등 한국 전통 한식으로 차려진 오찬을 즐겼다고 한다. 사랑재란 이름에는 국회가 국민을 사랑하는 마음으로 대화와 타협, 화합과 상생의 정치를 하겠다는 다짐과 함께 국회에 귀빈이 방문할 경우 편안한 마음으로 접견하고 정담을 나누는 장소가 되기를 희망한다

사랑재

는 의미가 담겨 있다고 한다.

또 사랑재는 사랑을 확인하기에 좋은 장소이기도 하다. 사랑재 오른쪽에는 파라솔이 비치되어 있어 야간에 한강을 보며 분위기도 잡을 수 있는데, 회기 중엔 데이트도 힘들다는 국회 직원들이 이곳에서 사내 비밀 연애의 묘미를 만끽하기도 한다. 연예인들이 많이 결혼하기로 유명한 서울의 모 호텔에도 사랑재와 비슷한 한옥이 있지 않나. 그곳에서 연회와 결혼식을 진행하기도 하는데, 그 비용이 엄청난 것으로 알려져 있다. 그런데 이 호텔보다 좋은 곳이 있으니, 바로 사랑재다. 한 의원은 사랑재에서 진행된 예식을 보고 앞서 언급한 서울의 모 호텔보다 낫다고 입에 침이 마르게 칭찬했다.

국회 사우나에선 무슨 일이

의원회관 지하1층에 있는 건강관리실은 의원들만 이용할 수 있는 특별 공간이다. 건강관리실 내부에는 체력단련실과 사우나가 가능한 목욕탕, 미용실이 있다. 한 여성 의원은 아침에 출근하면서 건강관리실을 찾아 가볍게 운동을 하고 머리를 한 뒤 바로 의원회관 사무실로 출근할 수 있어 종종 이용한다고 했다.

SBS 드라마 〈내 연애의 모든 것〉에서는 국회 목욕탕에서 여야 의원들이 협상을 하는 장면이 나왔다. 실제로도 가능한 일일까? 가끔 여야 의원들의 입에서 '아침에 사우나에서 만나 얘기하지 않았느냐' 라는 말이 나오는 걸 보면 가능한 일인 듯하다. 같은 당인데도 만나기 어렵거나 계파 문제 등으로 껄끄러운 의원들도 긴장을 풀고 이야기를 나눌 수 있는 공간이 바로 이 사우나인 것이다. 사우나는 여야를 떠나 편안한 분위기에서 친목을 도모하는 장이 되기도 한다.

새누리당 정몽준, 민주당 원혜영 의원은 실오라기 하나 걸치지 않는 사우나의 특성상 서로 진솔한 모습으로 만나 잘해보자는 뜻에서 의원 모임인 '목욕당沐浴黨'을 만들게 됐다고 전했다. 2009년 결성된 이 모임은 18대 총선 직후 해산됐다가 19대 들어 재결성됐다. 이 목욕당도 나름 정당 구색은 갖췄다. 여야 각각 한 명씩 대표는 물론이고 탕내수압조절위원장, 탕내적정온도유지위원장, 탕내분쟁조정위원장 등의 당직을 뒀다. 그저 장난스럽게만 보이지만 실제로

이 목욕당 안에서 주요 정치현안에 대한 여야의 대승적인 결단과 합의가 이뤄졌다는 후문이다.

코끼리 열차도 있는 국회, 구경은 어떻게?

국회의 일반인 방문자 수가 날로 늘어나면서 국회는 국회 헌정기념관 내 국회방문자센터를 마련했다. 일반인들이 국회 입법 과정을 원스톱으로 체험하도록 만들어놨는데, 헌정전시관, 의정체험관, 국회의장관, 홍보영상관, 어린이체험관 등 다양한 전시실과 함께 편의시설이 마련되어 있다. 국회 건물 바깥의 분수대, 사랑재 등은 별도의 참관 신청 없이 볼 수 있지만, 국회 본관의 본회의장과 국회 헌정기념관 내 방문자센터를 이용하려면 국회 홈페이지에서 예약을 해야 한다. 단체로 관람을 하게 된다면 전문 안내요원의 설명도 들을 수 있다.

또 국회 내에 노약자와 장애인을 위한 편의시설로 전기자동차를 정기 운행하고 있다. 일명 코끼리 열차로 불리는 14인승 규모의 이 전동차는 국내 관공서 최초로 도입됐는데, 인기가 좋아 관람객이 30~40분씩 기다리는 경우도 허다하다. 가수 김범수의 아버지가 이 국회 전기자동차 운전원으로 재직 중이다. 가수 김범수의 아버지인 김수태 씨는 지난 2010년 2월 국회가 새로이 국회방문자센터를 열면서 일자리 나눔사업의 일환으로 근로 취약 계층인 노년층에 대한

국회 전기자동차

취업 문호를 개방할 때 전기자동차 운전원으로 채용됐다. 국회에서 발간하는 월간지 〈국회보〉에는 가정의 달을 맞아 가수 김범수와 아버지 김수태 씨가 표지모델로 소개됐는데, 김수태 씨는 전기자동차 운전원에 대해 국회에 오는 방문객들이 제일 먼저 만나는 사람이라고 소개하며 "국회 경내가 상당히 넓어 노약자들이 이동하기 불편했는데 전기자동차가 운행되어 매우 좋아한다"고 전하기도 했다.

국회 내에는 예술 작품도 많다. 국회 중앙에 위치한 분수는 '평화와 번영의 상'이다. 1978년에 세워진 청동상으로 국회를 대표하는 조형물 중의 하나다. 국회 건물 내에는 미술품도 상당한데 국회사무처 소장 159점, 도서관 소장 358점의 작품도 감상할 수 있다.

많은 사람들이 국회 안 갖가지 시설과 공간에 대해 별천지라고 표현한다. 그렇지만 지금까지 소개된 모든 곳이 방문객에게 공개된 공간이다. 누구나 와서 보고, 듣고, 사진 찍고, 음식도 먹을 수 있다. 국회 특유의 권위적인 인식 때문인지 국회의사당 앞마당은 왠지 밟지 말아야 할, 들어가면 혼날 것만 같은 DMZ로 인식하는 사람들이 많다. 그러나 국회는 언제나 개방되어 있고 잔디광장은 누구나 들어와 돗자리를 펴고 뛰어놀 수 있다. 국회의사당은 '민의의 전당'이다. '싸움만 하는 곳에 왜 가?'라는 생각에 주춤했던 당신, 와보면 국회의 매력에 푹 빠질 것이다.

12 영감들의 잇 플레이스

여의도. 대한민국 정치와 경제, 문화의 중심지다. 국회, 증권가, 그리고 공영방송 두 곳이 이곳에 자리하고 있다. 지리적, 정치적 특수성 때문인지 이곳 식당가 역시 심상치가 않다. 정치인에게 식사자리는 정치의 연장이다. 각계 전문가들 혹은 기자들과 밥을 먹으며 정보를 주고받기도 하고, 지역 유력인사와의 식사를 통해 표밭 다지기도 가능하다. 밥을 먹거나 술잔을 돌리면서 동료 의원과 주요 현안을 논의하기도 하고, 밀담을 나누기도 한다. 그 현장이 바로 여의도 국회 앞이다.

잇 플레이스의 조건

의원들의 잇 플레이스It place에는 공통점이 있다. 국회 헌정기념관 건너편 진미파라곤 빌딩을 중심으로 옹기종기 모여 있다는 점, 다른 이의 이목을 피해 밀담을 나누기 편한 방이 많다는 점, 또 무엇보다 전국 각지를 대표하는 의원들 300명의 입맛을 두루두루 맞춰야 하기에 무난하면서도 깔끔한 맛을 자랑한다는 점이다.

먼저 '대방골'은 여야 의원 모두에게 인기가 높지만 특히 민주당 의원들이 많이 찾는 곳이다. 미디어법 처리 당시 새누리당의 전신 한나라당 나경원 전 의원과 칼날 경쟁을 벌인 민주당 전병헌 의원이 동료 의원들에게 입소문을 내면서 사랑을 받게 됐다고 전해진다. 민주당 원내대표단이 기자들과 자주 찾는 곳이기도 하다. 사시사철 매생이국을 먹을 수 있고 밥을 녹차에 말아 먹는다는 독특함 때문에 외지에서 몰려온 손님도 많다. 남도음식이지만 강한 맛이

대방골

소호정

아닌 깔끔한 맛으로 해물매생이, 자연산 우럭구이, 영광굴비 정식 메뉴가 있다. 무엇을 선택하든 20가지 밑반찬이 따라 나와 상을 한 가득 메운다.

안동국시로 유명한 '소호정'도 여야를 막론하고 의원들의 사랑을 받는 곳이다. 특히 칼국수를 즐겨 먹는 것으로 유명했던 김영삼 전 대통령을 위해 청와대에 칼국수 조리 비법을 전수해준 곳으로도 유명세를 탔다. 이곳은 서울 양재동 본점에서 낸 분점이지만 맛에 있어서만큼은 분점이라 폄하하기 서러울 정도다. 주 메뉴는 국시와 국밥, 모듬전, 수육. 따뜻한 국물이 일품인 국시도 좋지만 부들부들한 수육에 부추무침을 곁들이면 세상을 다 가진 것 같다.

친박근혜계 의원들의 사랑을 받은 곳은 '오미찌'라는 고급 일식 전문점이다. 박근혜 대통령의 후보 시절 선거대책위 본부장이었던 김무성 의원은 이곳을 얼마나 자주 찾았는지, 오미찌가 그의 국회 구내식당이란 농담이 있을 정도다. 음식의 싱싱함도 으뜸이지만 널찍한 방이 있어 많은 인원을 수용할 수 있다는 점도 매력이라고.

여성 의원들과 세련된 대변인들의 사랑을 받는 곳은 이탈리안 레스토랑 '올라'. 방송국 사람들은 물론 증권가 사람들도 많이 찾는 명소다. 평일 점심도 예약하지 않으면 식사가 어려울 정도. 잇 플레이스다운 감각 있는 인테리어도 젊은 사람 취향에 딱이지만 음식도 깔끔하다. 메리어트호텔 지하가 1호점으로 KBS 별관 앞에 연 2호점은 야외 테라스가 있다. 지금은 여성가족부 장관이 된 새누리당

조윤선 전 대변인, 민주당 전현희 전 대변인이 단골이었다. 점심 자리에 폭탄주가 전투적으로 날아다니는 방갈로 문화 대신 레모네이드 한 잔을 기울이며 포크로 스파게티를 돌돌 마는 문화가 자리 잡은 것은 최근 몇 년 사이에 벌어진 일이다. 기자들이 그녀들의 인간적인 면모에 반한 것인지, 달라진 식사문화가 신선해서인지, 두 여성 대변인의 인기는 역대 최고로 기록된다.

가슴 아린 추억의 장소

국회 앞에 위치한 설렁탕집, '양지탕'은 새누리당의 회식 장소로 유명하다. 얄궂게도 이른바 '양지탕 거사' '양지탕 축배'라는 기사제목이 오명으로 남은 새누리당으로서는 가슴 아린 추억이 있는 곳이다. 김영삼 정부 시절인 1996년 12월 국회에서 노동법을 기습처리한 뒤 한나라당 의원들이 축배를 들었던 곳이 바로 이 양지탕인데, 지금은 경남지사가 된 한나라당 홍준표 전 의원이 '노동법 날치기 축배가 이후 김영삼 정권 몰락의 신호탄이 됐다'고 지적하면서 유명세를 탔다. 공교롭게도 이 음식점은 세월이 흐른 2000년 12월 한나라당 의원들이 예산안을 기습처리한 뒤 회식을 한 장소가 된다. 한나라당 의원들의 거사 성공을 자축하고 서로의 노고를 치하하는 자리였다. 야당의 공격 거리가 된 것은 당연지사. 이런 가슴 아픈 일화에도 불구하고 구수한 국물과 군침 도는 김치는 으리으리한 여의도의 그것이 아닌 서민들의 애환을 씻는 맛임에 틀림없다.

한편 렉싱턴호텔은 드나드는 의원들의 급이 다른 곳이다. 여야 대표단이 무언가 담판을 지어야 한다 하면 장소는 바로 여기다. 1층의 스테이크집도 고가지만 매우 맛있고, 2층의 일식집도 유명하다. 워낙 회담 장소로 유명하다 보니 "여의도 모처에서 여야 원내대표가 만난다"는 설이 돌면 기자들은 으레 이곳 입구에 진을 친다. 굳은 얼굴로 들어간 여야 원내대표가 웃으며 악수한 채 나온다고 해서 앞뒤가 다른 호텔로도 불린다.

인도네시아 대사관 맞은편에 위치한 고깃집 '창고43'은 친박 의원들이 자주 드나드는 곳이고, 서강대교 북단에 자리한 레스토랑 '서강8경'은 여야 의원들을 막론하고 여성 의원들이 애용하는 곳이다. 널찍한 창으로 들어오는 시원한 전망이 음식 맛을 돋운다.

등잔 밑이 어둡다

이런 잇 플레이스에서 미디어법, 정부조직법 등 한국의 역사를 바꾸는 현안이 결정됐다고 생각하면 음식을 파는 곳 이상의 특별한 의미가 부여된다. 기자들은 때때로 우연히 저녁 한 끼 해결하려고 들렀다가 옆방의 회담을 '벽치기'(벽에 귀를 대고 옆방의 말소리를 듣고 노트북에 옮기는 취재 기법)하는 의외의 수확도 얻을 수 있다.

등잔 밑이 어둡다고, 여의도 언저리가 아닌 국회 안에서 이뤄지

의원식당

는 대타협도 있다. 국회 본관 3층에 자리한 의원식당이 대표적인데, 굳이 외부 식당 룸을 예약하거나 국회 밖으로 이동하는 번거로움을 덜 수 있다. 외부 식당은 아침식사를 준비하지 않는 경우가 대부분이어서 웬만한 조찬모임은 이곳에서 이뤄진다. 의원식당의 역할도 다양하다. 여야는 거의 1년에 한 번 주기로 국회 로턴다홀에서 대립을 반복하는데 법안 단독 처리에 앞서 의원들에게는 '귀가 금지령'이 내려진다. 본회의 소집에 대비해 국회 근처에서 대기해야 하는 것이다. 이럴 때 의원식당 문을 열면 의원들이 우르르 몰려가는 웃지 못할 광경을 목격할 수 있다.

떠도는 우스갯소리 하나. 목사님, 기자, 국회의원 보좌관이 식당에서 밥을 먹었는데 음식값은 누가 냈을까. 바로 식당 주인이다. 그렇다면 국회의원이 밥을 먹는다면 계산은 누가 할까. 정답은 국민이다.

이렇게 국회 앞 영감들의 잇 플레이스는 거나한 식사를 파는 것처럼 느껴지는 곳이 대부분이지만, 의외로 국회도서관 구내식당과 국회의사당 본관 구내식당에서도 의원들을 만날 수 있다. 국회 직원들과 내방객들이 주로 이용하는 곳이지만 의원들도 바쁜 회의 시간을 맞추기 위해서, 혹은 지역구민들과 함께 담소를 나누며 식사를 할 장소로 찾기도 한다. 국회도서관은 외부인들의 이용이 상대적으로 편리한데 3,500원이라는 저렴한 가격에 영양 잡힌 식단으로 근처 직장인들을 모으고 있다.

의원들의 말 가운데 절반 이상은 식사자리에서 생겨난다. 그만큼 많은 양의, 중요한 말들이 오간다. 여의도 밥집들이 잇 플레이스인 이유다.

13 우리 정치인들에게 유머와 위트를 기대할 수 있을까?

〈광해, 왕이 된 남자〉는 관객 수 1,200만을 넘기는 기록을 세운 영화였다. 대선을 앞두고 시의 적절하게 개봉했다는 점도 흥행요소로 볼 수 있겠으나, 역시 이 영화의 가장 큰 흥행요소는 왕의 유머다. 〈광해, 왕이 된 남자〉는 왕의 닮은 꼴 '가게무샤'로 왕을 연기하는 광대의 이야기를 다뤘다. 광대는 왕이 되어서도 궁녀들 앞에서 똥을 싸거나 이빨에 김을 붙여가며 중전을 웃긴다. "(이래도) 안 웃기오?"라고 확인하며. 살벌한 궁궐에서 임금이 긴장을 풀고 이렇게 웃기니, 이제까지 정치인을 보고 웃어본 적이 없는 우리 국민들의 웃음보가 제대로 터질 수밖에.

대통령의 위트

국가 최고의 지도자가 민심을 얻기 위해서는 통치력에 버금가는 요소로 유머 감각을 겸비해야 한다. 영국으로 가보자. 영국인이 엘리자베스 여왕 1세, 윌리엄 셰익스피어, 데이비드 베컴보다 사랑하는 사람은 누구일까. 바로 9년간 영국 총리를 지낸 윈스턴 처칠이다. 2002년 BBC는 지난 100년의 역사를 통틀어 가장 위대한 영국인 100인을 꼽는 설문을 실시했는데, 윈스턴 처칠이 그 1위를 차지했다.

그가 제2차 세계대전을 승리로 이끈 리더십을 가진 것은 물론이요, 연설과 유머의 달인이었기 때문이란다. 160센티미터의 단신에 뚱뚱하고 대머리였지만, 그는 자신의 용모를 비꼬는 의원들에게 "갓 태어난 아기들은 전부 나처럼 생겼답니다"라며 재치 있게 응수했다. 총리가 된 후 의회에 지각했을 때도 그는 의원들의 비난에 여유 있는 유머로 답한다. "미안하다. 하지만 나처럼 예쁜 아내를 데리고 사는 사람이라면 제시간에 나오기 쉽지 않을 것이다." 의회에서는 폭소가 터졌다.

밥 돌 전 미 상원의원은 저서 《대통령의 위트Great Presidential Wit》에서 가장 성공적이었던 지도자는 통치력과 유머 감각, 이 두 가지를 모두 과시했다고 말한다.

밥 돌은 역대 미국 대통령의 유머 감각 순위를 매겼다. 1위는 링컨. 그는 가장 위대하고 재미있었던 우리들의 대통령이라는 치하를 받았다. 2위 레이건은 배우로서 타이밍이 결코 어긋나는 법이 없었고, 3위 루스벨트는 그의 위트가 미국이 공황과 세계대전을 견뎌내는 데 도움을 주었다고 평가했다.

실제로 링컨과 레이건의 유머 감각에 대한 일화는 유명하다. 링컨의 평생 라이벌이었던 스티븐 더글러스가 링컨을 향해 두 얼굴의 사나이라고 공격했을 때 링컨은 청중을 향해 느릿하게 이렇게 말했다. "여러분의 판단에 맡깁니다. 만일 제게 또 다른 얼굴이 있다면 지금 이 얼굴을 하고 있을 거라고 생각하십니까?" 링컨은 전쟁으로 나라가 만신창이가 된 암흑기에도 "나는 울면 안 되기 때문에 웃는다"고 했다. 그는 유머의 힘을 그 누구보다 잘 아는 대통령이었다.

레이건은 생사의 기로에서도 능청스러운 유머를 보일 줄 아는 지도자였다. 레이건은 1981년 정신이상자의 총에 맞아 병원에 실려 가면서도 "예전처럼 영화배우였다면 잘 피할 수 있었을 텐데…"라며 유머를 잃지 않았다. 또 간호사들이 몸에 손을 대자 대뜸 "낸시(부인)의 허락은 받았냐"고 물었다. 수술실에 들어선 의사에게는 이런 농담을 건넸다. "당신들 모두가 (나와 같은) 공화당원이었으면 정말 좋겠소." 이런 위트는 국민들을 안심시키는 묘약이 됐다. 그의 지지율은 83퍼센트까지 올랐다. 레이건은 다음 해 지지율이 30퍼센트까지 내려가자 걱정하는 참모진에게 "다시 한 번 총 맞으면 된다"는 말을 건네며 위로했다.

탁월한 유머 감각의 소유자들

우리나라의 대통령들은 어떠한가? 김대중 전 대통령은 우리나라 역대 대통령 가운데 가장 유머가 탁월했다는 평가를 받는다. TV에 출연했던 그는 사형선고를 받았던 1980년에 부인 이희호 여사가 "김대중을 살려달라"고 기도하는 게 아니라 "하느님 뜻에 따르겠다"고 기도하는 것을 보고 가장 섭섭했다고 말해 시청자들을 웃겼다.

한편 북한의 김정일 전 국방위원장은 2000년 남북정상회담에서 "은둔에서 해방됐다"는 농담을 던져 유머러스한 지도자로 자신의 이미지를 변신시키기도 했다. 정치에서 유머는 단순한 우스갯소리가 아니다. 긴장감이 감도는 살벌한 정치판에 인간미를 불어넣어 주는 것이 바로 유머의 힘이다. 그 어떤 연설보다도 한마디의 번뜩이는 위트가 유권자를 매료시키고 감성을 움직인다.

지난 2012년 대통령 후보들의 유머는 어땠나? 경쟁이 가열되면서 대선 후보들의 유머는 찾을 수 없었지만, 정식 후보 등록 전 박근혜, 문재인, 안철수 후보는 국민들에게 소소한 웃음을 안겨주었다. 특히 안철수 후보는 〈힐링캠프〉에 출연해 "학창시절 성적표에서 '수'를 찾아볼 수 없었는데 유일하게 찾은 게 내 이름에서였다"라고 빵 터지는 '학구적' 유머를 선보였다. 박근혜 후보는 대학생들과의 토론회에서 "사랑하는 사람의 심장 무게가 얼마나 되는지 아느냐"고 물은 뒤 "두근두근해서, 합해서 네 근"이라고 답했다. 이어지는 "여러분을 만나러 오는 제 마음이 그랬다"는 말에선 박수가 터졌다. 문재인 후보의 경우 쌍용차 해고 노동자 가족들을 방문해 난타 퍼포먼스를 하면서, "다른 사람들은 스트레스 풀려고 하는데 나는 동작을 따라 하느라 스트레스 받고 간다"며 "내가 스트레스를 모두 가져갈 테니 당신(해고 노동자)들은 스트레스를 놓고 가라"는 배려 깊은 유머를 남겨 기자의 감동을 자아내기도 했다.

긴장을 와해시키는 웃음

여야는 국정현안을 놓고 첨예하게 대립하기 마련이다. 박근혜 정부 출범에 따른 정부조직 개편안 협상이 난항을 거듭하던 2013년 2월 26일, 여야는 정부조직 개편안 합의는 잠시 미뤄두고 민생법안을 처리하기 위한 본회의를 개최했다. 강창희 국회의장을 대신해 회의를 주재하던 새누리당 소속 이병석 부의장. 쌀 소득 등의 보전에 관한 법률 개정안을 소개하는 도중, 계속 쌍시옷 발음을 하지 못하며 폭소를 자아냈다.

연신 쌀을 '살'로 발음하던 부의장. 일부 의원들이 "쌀로 발음하라"며 장난스레 호통을 쳤다. 호통을 들은 이 부의장은 이때부터 웃음보가 터져 한동안 말을 잇지 못했다. 웃음이 멈추지 않아 법안명도 제대로 읽어 내려가지 못하는 상황. 결국 본회의장을 메운 의원들은 박장대소하고 말았다. 이어서 나온 전통 소싸움경기에 관한 법률 개정안. 이 부의장은 이 법안을 읽기 전에 "(쌍시옷이) 또 나왔네"라고 푸념해 의원들을 다시 한 번 웃겼다. 이 부의장은 "나는 죽을 때까지 두 발음을 구별할 수 없습니다"라고 솔직하게 고백, 회의장은 또 한 번 웃음바다가 됐다. 여야 대립이 판이하게 대립하던 상황에서 이 웃음이 긴장을 조금이나마 와해시킬 수 있었다.

정치는 말이다. 정치인들이 국민과 소통할 수 있는 일차적 수단이다. 국민과의 소통을 강조하고는 있지만 상대를 칭찬하면 큰일 나는 줄 알고 입만 열면 상대를 비난할 뿐, 상생과 화합의 정치를 위트 있는 언어로 표현할 줄 아는 정치인은 너무나 드물다. 상원의원 합동 선거에서 스티븐 더글러스가 "링컨이 법을 어기며 서점에서 술을 팔았다"며 자격 시비를 따지고 들었을 때, "본인이 그 상점을 경영하던 당시 더글러스 후보는 제 가게에서 술을 가장 많이 사 마신 최고의 고객이었다. 더 확실한 사실은 저는 이미 술 파는 계산대를 떠난 지 오래됐지만 그는 여전히 그 상점의 충실한 고객으로 남아 있다"고 상황을 반전시킨 링컨. 이런 유머 감각이 우리나라의 국회에서 재현되길 기대할 수 있을까.

14 정치인의 무한변신

최근 우리는 역대 정치사에서 전무후무한 두 사람을 만났다. 아나운서 성희롱 발언 파문, 개그맨 최효종 고소로 국민 비호감이었다가 방송인으로 갱생의 길을 가고 있는 강용석 전 의원. 성공한 IT기업인이자 교수에서 대선주자, 이제는 국회에 입성한 안철수 의원이다. 롤러코스터 인생이라고 해도 과언이 아닌 두 사람의 행보는 우리에게 무엇을 시사할까.

초선 의원에서 나락으로 다시 방송으로, 갱생의 길

강용석 전 한나라당 18대 의원은 새로운 길을 개척하고 있다. 그는 고소·고발 집착남에서 케이블방송을 통해 귀여운 아저씨로 변신했다. 그가 방송에서 지금이 정치방학 중이라고 하고 인터뷰에서 대통령이 꿈이라고 해도 우리는 그러려니 하며 웃고 넘기게 되었다.

서울대학교 법대, 하버드대학교 로스쿨 출신 변호사인 그는 참여연대 소액주주운동에 뛰어들었다. 이후 새누리당의 전신인 한나라당의 공천을 받아 국회의원이 됐다. 잘나가던 그의 인생은 2010년 대학생들과 만난 자리에서 던진 아나운서 성희롱 발언에 나락으로 떨어졌다. 강 의원은 자신이 그런 말을 한 적이 없다고 해명했지만, '성나라당'이라는 오명을 벗기 위해 한나라당은 그를 제명했다. 결국 그는 2012년 19대 총선에서 유권자들의 심판을 받았다. 이런 사안으로 낙마했다면, 보통 정치인의 정치 생명은 끝이 난다. 아니 부끄러워서라도 몇 년간은 언론을 피한다. 하지만 그는 당당하게 종편과 케이블방송에 출연해 아나운서 성희롱 발언과 '박원순, 안철수' 저격수 이미지를 세탁했다.

이렇게 강용석 전 의원이 뜨고 나자 주변에서 물어보는 사람도 많아졌다. 처음에는 생소했다. 국회방송 기자가 된 이후로 '그 정치인 실제로 어때?'라는 질문은 거의 들어본 적이 없었다. 그런데 강용석 전 의원에 대해서는 주변에서 궁금해했다. '강용석 저 사람 원래 성격은 어떠냐?'라는 젊은 층의 물음에서는 방송의 위대함을, '화면에서처럼 잘생겼냐'고 물어오는 아주머니들을 보면 역시 중장년층에서는 정치인도 외모가 경쟁력이란 것을 실감할 수 있었다.

강용석 전 의원

답을 공개하자면, 강용석 전 의원은 180은 족히 넘어 보이는 키에 건장한 체격이고, TV에 나오는 것처럼 멀끔한 인상이다. 아나운서 성희롱 발언으로 물의를 빚었지만 내가 기억하는 그는 여기자와 인터뷰를 위한 자리에서도 다른 사람의 눈에 오해의 소지가 있다며 타 의원이나 보좌관을 동석시켰을 정도로 자신의 정치 인생을 소중히 생각하는 인물이었다. 그렇다고 유난스럽진 않았다. 기자들 앞에서도 특별히 말을 조심스럽게 가려 하는 타입은 아니고, 자신의 명석함을 과시하려 하지 않아도 폭넓은 정보가 튀어나와 '아! 이 사람은 정말 똑똑한 사람이구나' 생각하게 했다.

그런데 빼어난 노래 실력도 아닌데, Mnet 〈슈퍼스타 K〉에 나올 땐 아니 이분이 왜 이러시나 했다. 오명을 마다하지 않고 tvN 〈화성인 바이러스〉에 고소·고발 집착남으로 출연했을 때도 저러시다 말겠지 했다. 그러나 이는 일종의 오디션 기회가 됐다. tvN 〈강용석의 고소한 19〉는 그가 원톱으로 나와 '국회의원의 특권' '대한민국 0.1

퍼센트, 그들만이 사는 세상' 등을 놓고 1위에서 19위까지 순위를 매겨 시작하자마자 화제를 모았다. 이후 그는 종편의 블루칩이 됐다. JTBC 〈썰전〉에서 MC 자리를 꿰찬 데 이어 여세를 몰아 같은 방송사 〈유자식 상팔자〉에 두 아들과 나란히 출연해 이미지 세탁의 정점을 찍었다. 덕분에 방송가에서 러브콜이 쏟아지고 있다고. 이전에 어떤 정치인도 이런 방식으로 돌아오지 않았다. '롤러코스터 인생'이라고 해도 과언이 아니다.

성공한 IT기업인이자 교수에서 야권 잠룡, 국회의원으로

2013년 4월 재보궐 선거로 19대 국회의원 배지를 단 안철수 의원. 안 의원은 국회 입성 전부터 스타였다. 그는 국민 CEO였고, 청소년들의 멘토였다. 서울대학교 의대를 입학하고 평범한 의사의 길이 아닌 연구의를 선택했고, 의학 실험을 위해 시작한 컴퓨터가 바이러스에 감염되자 직접 백신 프로그램을 만들어 치료하면서 백신의 세계에 뛰어들었다. 군 제대 후에는 단국대에서 교수로 재직하다 안철수연구소를 창업해 기업인의 길로 들어섰다. 경영에 한계를 느끼자 미국 펜실베이니아대학교 기술경영전문대학원으로 유학길에 올라 학업과 경영을 병행하기도 했고, 기업을 전문경영인에게 맡긴 뒤 다시 유학길에 오르기도 했다. 안 의원은 펜실베이니아대학교

와튼스쿨 경영학석사MBA를 받고 카이스트 교수를 지내다, 2011년 서울대학교 융합과학기술대학원장으로 자리를 옮겼다.

안 의원이 국민적 인지도를 갖게 된 계기도 역시 방송이었다. 2009년 MBC 〈무릎팍도사〉에 출연해 성공 스토리와 유머 감각을 뽐내며 대중적 인물이 됐다. 스펙만 보면 남부럽지 않은 천재인데, 막상 방송에서 보여준 어수룩한 말투와 부끄러워 어쩔 줄 몰라 하는 모습이 시청자들에게 인간적으로 다가왔다. 이후 청춘콘서트를 진행하며 대중과의 직접적 접점을 넓히며 청년층의 멘토로 떠올랐다.

그런 그가 정치적으로 부상한 것은 뜻밖에 치러진 2011년 서울시장 보궐선거에 도전 의사를 내비치면서부터다. 안철수가 출마한다면 그를 찍겠다고 답한 여론이 이미 상당했지만 그는 출마 의사를 밝힌 박원순 변호사에게 후보 자리를 전격 양보했다. 이런 과정에서 안철수는 난공불락으로 여겨졌던 박근혜 대세론에 타격을 주며 야권의 잠재적 유력 주자로 떠올랐다.

그때부터 정치부 기자들의 수난 시대는 시작됐다. 안철수의 한 마디를 듣기 위해 쫓아다닌 기자만 수십 명. 안철수 마크맨(안철수 전담기자)은 경찰도 아닌데 무조건 대기조가 되어야 했다. 개인 휴대전화를 사용하지 않아 연락할 방법도 없는 상황에서 할 수 있는 것은 부인인 김미경 교수를 통한 일정 확인뿐이었다. 하지만 그마저도 "모릅니다"라는 허무한 답변이기 일쑤. 그의 한 마디 한 마디가 기사화됐고, 수십 가지의 추측성 기사가 쏟아졌다. 그러나 안 의

안철수 의원

원은 당시 정치 참여 여부와 관련한 메시지를 선뜻 내놓지 않았다. 기자들의 고생이 계속됐음은 물론이다.

그러던 그는 대담집《안철수의 생각》을 낸 뒤 국민의 의견을 듣겠다며 일명 소통 행보를 벌인다. 이 대담집은 대선 공약집으로 받아들여지면서 그의 일거수일투족에 세간의 관심이 집중됐지만 정작 그는 대선 출마 여부에 대해서는 함구로 일관했다. 이후엔 우리도 너무나 잘 아는 내용이다. 안 의원은 2012년 19대 대선 출마를 공식화했고, 문재인 의원과의 단일화 협상을 벌이다 사퇴했다. 그리고 대선 후보였던 그는 재보선을 통해 국회에 '의원'으로 입성했다.

안철수 의원이 서울 노원병에서 무난하게 당선되긴 했지만 그를 향한 세인들의 관심은 예전만 못했다. 대선 후보 단일화 과정 등에서 보여준 애매한 태도에 대한 실망, 그리고 신비주의가 벗겨진 탓도 있을 것이다. 그러나 이는 그가 재보선 출마 지역으로 서울 노원병을 선택할 때부터 예견됐다. 상당수 사람들은 그가 재보선 지역 중 하나인 부산 영도에 출마해 새누리당 김무성 후보와 빅매치를 벌여주기를 기대했지만 그는 결국 노원병을 택했다. 이런 그를 두고 사람들은 새 정치를 하겠다면 가시밭길을 마다하지 않아야지 벌써부터 쉬운 길로만 가려 한다고 비판을 쏟아냈다.

고 노무현 전 대통령처럼 승부사적인 기질도 없이 어떻게 큰 정치인이 되겠느냐는 이야기도 뒤따랐다. 대선 잠룡이 된 이후 안철수 쫓아다니기에 이골이 났던 기자들은 이제 안철수도 300명 중 하나인 '배지'에 불과하다며 그의 추락은 이제부터라고 독설을 날리기도 했다.

두 스타를 바라보는 불안한 시선

강용석 전 의원은 방송을 통해 옛 일을 깔끔하게 씻어내고 정치 복귀를 선언하고 있다. 그도 그럴 것이 그의 아나운서 성희롱 발언 파문이랄지, 박원순·안철수 저격수였던 그의 모습을 기억하는 사람은 많지 않다. 강 전 의원은 "당장은 아니지만 언젠가 서울시장이나 대통령을 할 수 있지 않겠느냐?"고 반문했다. 그의 바람대로 방송에서 구축한 이미지를 바탕으로 그가 대중 정치인으로 거듭날지도 모르겠다.

강용석 전 의원이 하나의 모델이 되고 있다는 분석도 뒤따른다. 최근 방송에서 두드러진 폴리테이너politainer(정치인과 연예인의 합성어)의 약진이 이전과는 다른 양상으로 전개되고 있기 때문이다. 전에는 배우, 코미디언 등이 대중적인 인지도와 인기를 무기 삼아 정계에 진출했다면, 이젠 반대로 현실 정치에 몸을 담갔던 이들이 방송에 진출하는 현상이 뚜렷하다. 시청자들의 점수 또한 박하지 않다. 정치인들의 방송 참여에 대해, 현재 방송을 하고 있는 한 정치인은 이렇게 말했다. "정치인들이나 연예인들이나 같아요. 포털사이트 검색창에 자기 이름을 치는 거나, 대중의 사랑을 받는 거나. 결국 둘 다 관심병 환자들이니까."

하지만 그의 변신이 불편하다는 반응도 적지 않다. 정치인 시절 막말과 논란의 중심에 섰던 '과거' 때문이다. 이들이 과거에 저지른 잘못을 스스로 희화화하거나 포장하면서 자신의 나쁜 이미지를 희석시키는 것이 아니냐는 문제 제기도 많다. 한 인터뷰에서 여운혁 〈썰전〉 CP는 예능에서 좋은 이미지를 얻는 것과 정치인으로 다시 선택받는 것은 다른 문제라며, 한국의 정치지형과 대중의 여론을 감안하면 정치인들의 방송 출연이 어떤 결과를 낳을지 미리 판단하는 것은 무리가 있다고 선을 그었다. 〈썰전〉에 출연 중인 이철희 두문정치전략연구소장은 강 전 의원에게 "사전 선거운동이 아니냐"고 뼈 있는 말을 하기도 했다.

그러나 많은 이들이 "연예인에게는 연예인의 논리가, 공직자에게는 공직자의 기준이 있다"고 생각한다. 한 지상파 예능 PD는 강용석 전 의원이 정치인으로 돌아갔을 때 방송에서 내뱉은 말들과 모습이 면죄부가 될지 족쇄가 될지는 아무도 모르는 것이라며, 시청자에서 유권자의 입장으로 돌아선 대중들이, 그가 방송에서 한 말과 행동을 포함해 그를 검증하게 되지 않겠느냐고 말했다.

이미 스타였던 안철수 의원은 앞서 말했듯이 요즘 인기가 예전만 못하다. 18대 대선과 재보선을 거치며 안철수 의원에게 쏟아진 비난의 요체는 한마디로 '모호함'으로 표현된다. 우선 그가 말하는 '새 정치'에 내용이 없다는 점이 그렇다. 그는 선거 당선 뒤 새 정치에 대해 묻는 기자의 질문에 "낡은 정치를 하지 않는 것이 새 정치"라고 말했다. 하나 마나 한 원론적인 이야기에 불과하다. 또 그의 성향이 진보적인지 보수적인지도 분명하지 않다. 결국 사퇴할 거면서 서울시장 선거와 대통령 선거 후보로는 왜 나왔느냐는 비판도 여기에 포함된다. 대선 후보 단일화 과정에서 보여준 석연찮은 태도와 사퇴 이후 문재인 후보에 대한 미온적인 지원 또한 도마에 오른다.

서울시장 선거와 대통령 선거를 치르면서 '안철수 바람'의 위력이 대단했던 것은 분명하다. 청량한 이미지의 교수 한 명이 정치를 하겠다고 나섰을 때 이렇게까지 여론이 들썩인 적은 없었을 것이다. 기존 정치권에서는 겉으로는 아무렇지 않은 척했지만 이른바 안풍 대책을 따로 마련할 정도로 전전긍긍했다.

시간이 지날수록 안 의원에 대한 비판의 목소리가 커지긴 해도 그에 대한 지지가 급격히 사그라들지는 않고 있다. 여전히 스타는 스타다. 이는 비록 모호하긴 해도 그가 한 말과 행동이 반드시 틀린 것만은 아니라는 점을 역설적으로 보여준다.

안 의원에게 쏟아진 비난의 요체인 모호함을 뒤집어서 생각해보면, 우선 진보도 보수도 아닌 그의 정치 성향은 양 진영의 극한 갈등으로 정쟁이 끊이지 않는 우리 정치현실에서 장점으로 다가올 수도 있다. 현실 정당정치에 대한 국민들의 실망은 이미 극에 달했다. 그렇기 때문에 안철수 의원의 등장이 신선했던 것이다. 기존 정당과 같은 선명함을 가지지 못했다고 해서 엄연히 존재하는 지지층의 실체까지 무시할 수는 없지 않을까.

신기루든 아니든 강용석 전 의원과 안철수 의원의 행보는 현재진행형이다. 두 인물에 대한 호불호나 행보에 대한 긍정과 부정은 팽팽하다. 정답을 제시하는 것이 쉽진 않지만 우리의 두 눈은 두 스타 정치인에게 쏠려 있다. 이들의 변신이 변신을 위한 변신이 되지 않길 바랄 뿐이다.

국회 질서의 파수꾼, 경위·방호직원

우리가 국회에 들어와 제일 처음 만나는 사람이 방호직원들이다. "어떻게 오셨습니까?"라고 묻고 위치를 안내해주는 제복 입은 직원들이 바로 그들이다. 국민의 국회, 열린 국회를 지향하면서 국회를 찾는 방문객 수도 늘어났다. 국민과 가까워진 만큼 의회방호담당관실 직원들이 하는 일도 많아졌다. 국회 회의장이나 시설을 견학하기 위한 참관인과 면회객, 행정부 직원까지 하루 평균 1만여 명, 연간 200만 명이 국회를 드나든다고 한다. 이 많은 인원을 통제하고 관리하는 것이 방호직원들의 역할이다.

국회의사당 건물 안으로 들어오기 위해서는 먼저 각 청사 내 안내실에서 방문증을 받아 꼼꼼한 출입 절차를 거쳐야 한다. 누가 됐든 엑스레이 검색대를 피할 수 없는데, 이때 방호직원들은 위험물품이 반입되지 않도록 보안 검색을 철저히 한다. 국회 정문을 통과할 때부터 국회 건물 안에 들어올 때, 참관할 때도 구석구석 방호직원들의 손길이 미치지 않는 곳이 없다.

과거에는 국회 경호·방호 업무가 의사국 의회경호과 안에서 모두 이루어졌다. 하지만 국회 의원회관 옥상 점거, 전단지 살포, 시위 등 바람 잘 날 없는 국회를 철통방어하기 위해 2012년부터 입법차장 직속으로 경호기획관을 두고 의회경호담당관실과 의회방호담당관실을 구분했다. 그중에서도 경위, 방호직원들은 국회를 지키는 심장이라고 할 수 있다.

먼저 경위들은 평소에는 국회에서 열리는 본회의, 상임위원회 회의 등의 원활한 진행을 위해 경호 업무를 맡는다. 그리고 방호직원들은 회의장 밖의 모든 경내 질서유지와 안내 업무를 관리하다가 경호권, 질서유지권 등이 발동되면 적극적으로 나서 회의 진행을 돕는다. 즉 회의 진행을 방해하는 당직자, 보좌진 등을 강제로 끌어낼 수 있는 것이다. 한 방호직원은 출입문이 차단된 상태에서 위원장을 입장시켜야 할 경우, 다른 사람들이 몰려들어 몸싸움이 이뤄지는 것이지 자신들이 먼저 몸싸움을 하지는 않는다면서, 질서유지권이 발동된 상황에서는 물리적 충돌이 불가피하기 때문에 직원들이 몸싸움에 휘말리게 되는 것이라고 말했다.

한미 FTA 국회 비준동의안 처리를 둘러싸고 여야 대치가 치열했던 2010년. 야당 의원들이 외교통상통일위원회 남경필 위원장의 회의실 진입을 막았다. 남 위원장이 회의실에 들어갈 수 있도록 몸싸움을 벌이는 과정에서 한 경위가 민주노동당 의원의 머리에 부딪혀 이마에 타박상을 입고 병원에 입원을 했다. 그해 12월에는 예산안 처리를 막기 위해 야당 의원들과 당직자들이 본회의장 입구를 막자 이를 뚫기 위해 여당 당직자들이 몸싸움을 벌이는 과정에서 경위 한 명이 민주당 의원에게 뺨을 맞기도 했다. 결국 이 경위는 해당 의원을 검찰에 고소하면서 "의원에게 맞는 동영상을 혹시라도 가족들이 볼까 봐 걱정이다. 22년간 근무하면서 질서유지권이 발생된 상황에서 수차례 업무를 수행했었다. 그때마다 우리 부서 직원들은 단 한 순간도 정치적 가치판단을 한 적이 없고 앞으로도 그럴 것"이라며 씁쓸해했다.

국회 경위, 방호직원들은 대부분 무술 유단자들이다. 하지만 '부득이한 경우를 제외하고는 물리력을 행사하지 않는다'는 복무규칙을 지키느라 대응을 하지 않는다. 지옥의 폭력 국회가 지나간 후, 의회방호담당관실, 의회경호담당관실은 부상 병동을 방불케 한다. 직원 상당수의 몸엔 시퍼런 멍이 들어 있으며, 한쪽 팔에 붕대를 감고 절뚝거리는 사람들도 있다.

방호직원들은 여야 대치 정국이 이어질 때마다 물리적 충돌을 감수해야 했다. 국회 안의 질서를 지키기 위해 때로는 맞기도 하고 가끔은 과잉대응으로 비난의 대상이 되기도 했다. 국회사무처 직종 중에 유일하게 신입 직원 채용 시 체력시험에 통과해야 하는 국회 방호직원. 평균 채용 경쟁률 40~50대 1을 뚫고 의회방호담당관실에 배정되지만, 어느 직종보다 일이 고생스럽다. 직원들은 한결같이 날선 전투장 한가운데에서 자괴감을 느끼기도 하지만 국회의 질서와 안전을 내 손으로 지킨다는 사명감을 갖고 보람을 찾는다고 말한다.

웃지 못할 에피소드도 전했다. 국회 정문 앞에서는 매일같이 각종 이해관계로 얽힌 사람들의 시위가 끊이지 않는다. 2008년 겨울, 국회 분수대 앞에서 전국 실업자 노조 소속의 김모 씨가 모 공공기관이 원자력발전소 건설과 관련해 국정감사에서 유리한 증언을 해주면 취업을 시켜주겠다고 해 부탁을 들어줬지만 해당 기관이 약속을 지키지 않았다며 알몸으로 시위를 벌였다. 김 씨의 손에는 농약병도 들려 있었다. 갑작스러운 일이었는데도 방호직원들은 일사불란하게 움직였다. 자칫하면 인명사고로 이어질 수 있기 때문이다. 덕분에 소동은 15분 만에 경찰에 의해 검거되는 것으로 마무리됐다.

국회의사당 본관 앞에서 인분을 던지고 자신의 몸에 시너를 뿌린 사람도 있었다. 그는 자신의 승용차를 직접 몰고 왔는데 정문을 통과할 때까지는 일반 민원인처럼 행세하다 국회에 진입하자마자 인분 20리터를 던진 뒤 몸에 시너를 뿌리고 국회의장, 당시 한나라당 홍사덕 의원과의 면담을 요구하다 방호직원들에 의해 제지됐다. 그는 경찰 조사에서 정치인들이 자신의 밥그릇 다툼만 벌이는 것이 꼴 보기 싫었다고 진술한 것으로 알려졌다.

이렇게 국회는 민원인들과의 시비가 끊이지 않는 곳이다. 민원인들은 불만을 표출할 방법이 없으니 자기만의 방식으로 시위를 벌이는 것이겠지만 방호직원 입장에서는 곤란하기 그지없다. 민원인들에게 쌍욕을 듣는 일은 물론 인분을 뒤집어쓰거나 몸에 상처를 입는 일도 비일비재하다. 내일 아침 출근길에는 새삼 청사 내 방호직원들과 상임위 회의장 앞 경위들에게 고개 숙여 인사하게 될 것 같다.

또 하나의 숨은 조력자, 의전통역관

똑떨어지는 정장에 말끔한 인상. 언뜻 승무원 같기도, 대기업 회장 비서 같아 보이기도 하다. 국회 속의 외교관, 의전통역관들이다. 현재 국회에는 영어 담당 통역관 5명, 불어, 일본어, 중국어 각각 1명씩 모두 8명의 통역관이 근무하고 있다. 공교롭게도 모두 여자다. 통역관을 만나 그 이유를 묻자 "실력이 좋으니까!"라고 명쾌하게 답했다. 주요 통역번역대학원을 상대로 모집 공고를 내고 몇 차례 시험을 거쳐 선발되는데 뽑고 보면 여성이란다. 국회 공식 외교행사의 순차·동시 통역, 번역 업무를 책임지는 이들은 방한 인사를 주로 대하는데, 국회의장과 외국 대사의 접견 자리에서 가운데 앉아 분주히 펜을 움직이는 사람들이 바로 통역관이다.

이들이 국회의 모든 통·번역 업무를 책임지는 것으로 아는 사람들이 많은데 실제로 통역관들은 의장, 부의장을 중심으로 한 공식 외교행사에 우선 투입된다. 그리고 각 의원실에서 주최하는 면담, 인터뷰부터 시작해서 간담회, 세미나 등도 의회 외교와 관련된 업무이면 지원을 하고 있다. 통역관들은 "이미 습득한 외국어를 밑천으로 우아하고 얌전하게 일하는 직업으로 여기시면 곤란해요. 통역에 투입되기 직전까지 밤새워 예습하는 것은 물론이고, 식사 시간에 통역을 해야 하는 경우가 많아서 끼니를 거르거나 화장실도 못 가기 일쑤에요"라고 고충을 털어놨다. 생소한 군사 용어, 지역명 등을 통역할 때면 혹시라도 의미 전달이 잘못될까 단어 선정 하나에도 신경을 바짝 쏟아야 한다고. 공식 석상에서의 통역 업무 외에도 국제회의 준비 자료나 연설문, 각종 문서를 번역하는 일도 통역관의 몫이다.

IPU(국제의원연맹), G20 등 매년 정기적으로 열리는 국제회의만 해도 10여 건. 회의장 안에서 동시통역을 할 때는 별도로 마련된 부스 안에서 한쪽 귀에만 이어폰을 낀다. 한쪽 귀로는 마이크 너머 음성을 듣고 나머지 한쪽 귀로는 회의장의 현장 소리를 들어가며 통역 타이밍을 조절한다. 이 때문에 다른 정부기관에서는 양쪽 청력이 짝짝이가 되는 직업병을 앓는 통역관도 있었다. "몇 년 동안 한쪽 귀에만 이어폰을 꽂고 들으니 사실 그쪽 귀가 잘 안 들려요. 생활에 큰 지장은 없지만요" 특히 해외 출장 기간에는 통역을 담당할 대체 인력이 없기 때문에 몸 관리에 각별히 신경을 써야 한다. 때문에 그녀들의 출장 가방에는 응급약과 프로폴리스, 비타민 음료, 초콜릿이 항상 담겨 있다.

이들은 또 외국 정상들 중에서도 특히 대통령이나 국회의장급을 마주하면서 너무 떨어 머릿속이 하얘졌던 아찔한 경험도 이야기했다. "가장 중요한 자질 중 하나가 바로 마인드컨트롤이에요. 큰 행사에 나설 때마다 '저들은 대통령이 아니라 그냥 옆집 아저씨다. 나는 지금 그들을 도와주는 것뿐이다'라고 자기최면을 걸어요." 한편 '있는 그대로를 전달한다'가 통역의 원칙이지만 때로는 기지를 발휘해야 할 때도 있다. 그래서 상황에 따라 매끄러운 표현으로 의역해내는 '센스' 또한 의전통역관의 중요한 덕목으로 꼽았다.

통역관들은 힘든 만큼 보람도 큰 직업이라고 스스로의 일을 평가한다. 외국 수장을 만나고 외교적 성과를 이뤄내는 의회 외교의 현장에서 자신의 전문성을 맘껏 발휘한다는 자부심이 가장 크다고 강조했다.

내가 곁에서 지켜본 국회 의전통역관은 늘 공부하는 직업이다. 단순히 국회공무원으로 일컫기에는 그녀들의 정신적 피로도가 너무나 커 보인다. 하지만 꾸준한 자기 훈련으로 의회 외교관의 역할을 톡톡히 해내는 그녀들은, 한마디로 대한민국 국회의 위상을 현재 위치까지 끌어올린 숨은 조력자였다.

3부

국회방송 기자로 사는 법

01 정치를 글로 배웠습니다

학창시절 공부 좀 해본 사람이라면 아는 상식 수준의 정치. 그렇다. 나도 정치를 글로 배운 여자였다. 대한민국에서 가장 힘 있는 기관 중 하나이자 정치 9단들이 모여 있는 곳, 여의도 국회에 내던져진 초년병 여기자의 고군분투기를 펼쳐볼까 한다.

좌충우돌 국회 생활

국회는 역동적이다. 국정감사 기간은 물론이고 여름 휴가철 잠시를 제외하곤 쉴 틈 없이 분주하게 돌아가는 곳이 국회다. 사실 국회 생활 5년 차로 어느 정도 적응이 되었으니 하는 말이지, 처음엔 그야말로 정신이 하나도 없었다. 매일 있는 정당 회의며 상임위 회의, 빵빵 터지는 사건 탓이다. 북한이 도발을 한다거나, 전국적으로 대규모 정전 사태가 일어나는 등, 국가에 중대 사안이 터지면 원인 규명과 정부의 대책 수립을 점검해야 하는 국회의 업무상 기자들도 바빠질 수밖에 없다. 나 역시 국회가 연평도 대응 태세와 주민 지원 상황을 점검할 때는 헬기를 타고 연평도에 날아갔고, 우면산 산사태가 났을 때는 진흙범벅이 돼 복구 현장을 지켜봤다.

공부도 많이 필요했다. '원내'와 '원외'는 대충 감으로 때려 맞추더라도 '정조위원장'과 '정책위의장'은 당에서 뭘 담당하는지 알 길이 없었다. 부끄럽지만 나는 ABC부터 다시 공부했다. 또 일본 원전 사태, 군 관련 문제가 발생했을 때는 그야말로 패닉상태였다. 온갖 관련 용어들이 튀어나오는데 모르면 기사를 쓸 수가 없으니, 사건이 터지기만 하면 다시 고3처럼 공부해야 했다. 정치만 알면 되는 줄 알았는데 사회 전 분야에 대해 뉴스의 촉을 세우고 있어야만 국회뉴스를 커버할 수 있었다.

온에어ON AIR

시간이 되면 어김없이 온에어가 켜지는 방송의 특성상 뉴스 데드라인을 맞추기 위해 뛰는 건 일상이다. 선배님이 '빵' 하면 죽는 시늉이라도 해야 했던 막내 시절, 나는 항상 종종거리며 뛰어다녀야 했다. 2010년 7월 14일의 일이다. 뉴스시간은 오후 6시. 한나라당 전당대회 결과가 나오는 시간도 6시! 잠실 체육관에서 테이프를 들고 30분 만에 여의도로 돌아가야 하는데 체육관의 그 많은 출구는 왜 다 막혀 있는 건지. 빼곡한 당원인파를 헤집으며 택시를 잡아 겨우 세이프. 7월 중순이던 더운 여름날 땀으로 샤워를 한 기억은 아직도 생생하다.

2012년 6월 9일 민주통합당 전당대회 날, 경기도 일산에 위치한 킨텍스는 행사 시작 전부터 1,000명이 넘는 인파로 북적였다. 무대 준비에 예행연습, 행사장 바깥에서는 의원들의 막후 선거전이 불꽃 튀게 전개되고 있었다. 지지자들도 징, 꽹과리를 쳐가면서 선거전의 열기를 더하고, 떡이며 음료수며 간단한 요깃거리를 머리에 인 상인들도 대목을 만난 듯 분주하게 움직였다. 대선 후보를 뽑는 전당대회든 당 지도부를 뽑는 전당대회든 선거를 준비해온 후보들에게 이날은 최종 심판의 날이다. 선거전을 취재해온 기자들에게도 이날은 시원섭섭한 축제의 날이다.

중계석에 앉은 나는 행사장에서 취재한 내용을 쓰기 시작했다가 이내 지우고, 최대한 멘트를 간결하게 작성한다. 중계리포트가 아니니까. 오늘은 중계방송을 열고 닫는, 앵커의 역할을 해야 한다.

전당대회 시작. 중계방송을 알리는 오프닝이 나가고 카메라가 전당대회 행사장을 훑듯이 보여준다. 내 앞의 카메라엔 빨간 불이 들어왔다. 콩닥거리는 심장을 부여잡고 멘트를 시작했지만 귀에 걸려 있는 이어폰에서는 연출자들의 현장 지시가 쉴 새 없이 들려온다. 내 목소리는 행사장을 울리는 음악소리에 이미 파묻힌 상태. 방송에서는 내 목소리가 또렷이 들리겠지만, 정작 말을 하고 있는 나는 내 목소리가 들리지 않아 지금 무슨 말을 하고 있나 싶다. “지금까지 일산 킨텍스에서 국회방송 양윤선입니다”를 외치고 나니 해방감이 든다. 이내 ‘목소리가 별로이진 않았을까. 멘트를 씹진 않았나’ 별의별 생각이 다 스쳐 지나간다. 집으로 돌아가는 길, 오늘 방송 괜찮았다고 격려해주는 휴대폰 메시지를 확인하고 나니 이제야 안심이 된다. 정치부 기자 생활은 육체적으로 힘들지만 이렇게도 보람된 것이라며 혼자 웃는다.

국회의장 해외순방 동행취재라는 특권

국회방송 기자로서 누릴 수 있는 특권이 뭐가 있을까. 굳이 꼽자면, 바로 국회의장 해외순방 동행취재다. 사실 언론에선 잊을 만하면 국회의원들의 ‘묻지마 해외출장’ ‘외유성 출장’이라는 문제를 걸고 넘어지는 터라 곱지 않은 시선도 없지는 않다. 그러나 우리가 간과하는 사실, 민주주의는 견제와 균형의 원리로 작동한다. 따라서 대통령의 의지가 아무리 강해도, 행정부가 추진하는 정책이 아무리 좋은 것이라도 국민을 대표하는 의회가 이를 승인해주지 않으면 정책으로 구현될 수 없다. 그래서 의회 간 외교의 중요성이 커질 수밖에 없는 것이다.

의회 외교는 행정부 외교와는 달리 인맥과 친분으로 이뤄지는 경우가 대부분이기 때문에 장기적인 안목으로 시간과 노력을 투자해야만 한다. 일본이라는 나라를 상대함에 있어선 의회 외교가 더 절실하다. 일본이 평화헌법을 개정한다든지, 정치권이 야스쿠니 신사를 참배한다든지, 독도 영유권을 주장한다든지 할 때, 정부는 북한 문제 등으로 안보카드를 버리기 힘들고 동북아 전체 구도를 따지면서 책임 있는 대응을 해야 한다. 그러나 국회는 상대적으로 자유롭다. 일본을 견제하고 회유할 유일한 주체가 된다. 이처럼 중요한 의회 외교의 현장에 설 수 있다는 것은 기자로서 큰 기쁨이다.

또 국회의장 해외순방 동행취재는 국회방송 기자가 유일하게 해외출장을 갈 수 있는 기회이자, 단독 보도 혹은 의장 단독 인터뷰를 진행할 수 있는 최고의 기회다. 나의 경우 세 번의 해외순방을 경험했는데, 국회의장은 워낙 연로하신 분이고 해외까지 나가셨으니 관광일정도 있지 않을까 하며 안이하게 생각했다가 큰코다쳤다. 처음 받은 스케줄 표에는 새벽부터 의회수장 만남, 친선 의원 모임, 재외국민과 동포 격려 일정 등이 빼곡히 들어차 있었고, 이조차도 현지 상황에 맞춰 거의 30분 단위로 쪼개져 의원들과의 면담이니, 현지 특파원 기자간담회니 하는 스케줄이 추가됐다.

의회 외교가 이뤄지는 현장에서 기자의 과욕으로 성과에 영향을 미치면 어쩌겠나. 나 역시 순방팀의 '그림자 수행'에 동참했다. 그리고 기회를 노려 얻어낸 국회의장의 자연스러운 인터뷰는 모든 방송사에 공유되어 방송됐고, 모든 기사들이 내 기사를 토대로 쓰이는 영광스러웠던 기억도 있다.

국회 생활의 묘미

정치란 인간과 인간 사이에 벌어지는 일이다. '정치는 생물(항상 살아 있다)'이란 말의 바탕에는 정치가 이런 복잡 미묘한 인간 심리와 함께 얽혀 가는 역사라는 의식이 깔려 있는 듯하다. 그래서 정치부 취재도 결국 사람에 대한 애정과 관심, 그리고 사람을 사귀는 취미가 없으면 제대로 할 수 없다. 속보성도 중요하지만 국회방송 뉴스는 무엇보다 공정성과 정확성에 그 방점이 찍혀 있다. 정확한 분석과 오차를 줄이는 전망은 그물 같은 인적 취재망을 통해 덤으로 딸려온다.

그래서일까. 술자리가 많다. 탈무드에도 나오지 않나. '술이 머리로 들어가면 비밀이 밀려 나온다'고. 또 술자리를 통해 끈끈한 정과 신뢰도 쌓을 수 있다. 하지만 술을 못하는 나는 다른 쪽으로 승부를 보기로 했다. 어느 곳에서든 명함을 주고 수일 내로 다시 식사를 하고 또 만남을 갖는 것으로. 양으로 승부하자는 것인데, 이게 꽤 통하는 것 같았다. 일반적인 남자기자들의 술자리 취재와 달리 여기자의 점심밥 취재를 의외로 신선하게 보는 의원들도 있었다. 덕분에 또렷한 정신으로 안면을 틀 수 있었다.

또 국회의원과의 만남에만 집중하지 않고 최대한 다양한 사람을 폭넓게 만나야겠다는 생각도 있었다. 보좌진이건 당직자건, 선거브로커건 국회를 청소하시는 아주머니건, 인간적으로 다가가고자 했다. 이러다 보면 양질의 정보를 제공하고 정치의 흐름을 짚어주는 브레인들도 만나게 된다. 인연이 닿으면 그 인연을 꾸준히 갈고 닦아야 함은 물론이다.

오늘도 나는 국회로 출근하지만 국회에는 아직도 내가 만난 사람보다 만날 사람들이 훨씬 많다. 결국 국회도 사람이 만드는 곳이다. 늘 같은 출입처임에도 불구하고, 새로운 경험을 하는 즐거움과 좋은 사람을 만날 수 있다는 기쁨. 이게 바로 국회 생활의 묘미겠지.

반성적 균형

사람은 누군가를 칭찬하기보다는 비판하는 데 강한 유혹을 느낀다. 그래서 칭찬은 발이 짧고 비난은 발이 길고 빠르다는 속담이 있나 보다. 이런 인간의 본능에 언론의 비뚤어진 보도관이 만나면 무리한 비판 보도가 나온다. 국민의 알 권리라는 미명하에 일방적으로 누군가를 공격하는 기사도 있고, 조금 더 섹시한 기사를 쓰고자 하는 기자의 욕망이 만들어낸 선정적인 기사도 있다. 비판은 쉽고 재미있다. 그러나 그 유혹을 뿌리치고 국회방송 기자로서 정도正道를 가려고 한다.

'공정한 보도를 위해 기계적 균형과 질적 균형 중 무엇을 택해야 하나.' '시청자의 관심을 끌기 위해 자극적이고 선정적인 보도를 하고 있는 건 아닌가.' '경마식 보도, 비판을 위한 비판 기사를 쓰고 있진 않나.' 고백하건대 참 어렵다. 그래서 오늘도 자성하고 각오를 다진다. 반성적 균형! '레알' 국회를 정확하고 공정한 시각으로 담아내겠다고. 의정전문채널 기자로서 보다 전문적이고 깊이 있는 보도를 하겠다고. 내 기사 말미엔 언제나 내 이름 석 자가 들어가니까. "국회방송 양윤선입니다."

02 정치의 맨 얼굴을 보다

각종 기자회견과 아침 당 회의, 대변인 논평 등 정치권에는 오늘도 말의 향연이 펼쳐진다. 오죽하면 '정치는 말로 하는 것'이라고 할까. 간결한 몇 마디의 말로 자신 혹은 자신이 속한 정당의 생각을 얼마나 제대로 전달하느냐가 곧 정치인의 능력인 시대다. 생각해보면 말을 잘해 언론의 주목을 받는 정치인도 있었지만, 단 한마디 말실수로 정치 생명이 끝나는 정치인도 무수히 많았다. 말로 흥한 자, 말로 망한다고 했거늘.

정치의 진수를 보다

내 기억 속에 '말' 하면 떠오르는 정치인이 있다. 유머를 잃지 않으면서도 촌철살인寸鐵殺人을 넘어 촌철활인寸鐵活人의 언어를 구사하던 정치인. 바로 역대 명대변인으로 꼽히는 박희태 전 국회의장이다. 박희태 전 국회의장은 새누리당의 전신인 한나라당의 주요 당직을 고루 거친 정치인이다. 2011년 당내 경선에서 의원들에게 돈 봉투를 돌린 혐의로 국회의장직에서 불명예스럽게 중도 퇴진했지만, 그는 말 잘하는 정치인을 꼽을 때면 늘 거론되는 인물이다. 우리가 잘 아는 '정치 9단' '총체적 난국' 등 오늘까지 널리 회자되는 정치조어를 만들어낸 인물로 '촌철살인의 귀재'라고 평가받는다.

1996년 총선 이후 첫 국회에서 야당의 공세에 맞서 야당을 '리모컨 국회'라 칭하며 했던 '내가 하면 로맨스 남이 하면 스캔들이냐'는 말은 유행어가 되기도 했다. 박희태 전 의장은 통상 의원들이 주최한 토론회나 세미나에서 하는 축사 하나도 똑같은 것이 없었다. 지난 2009년 4월 재보선을 앞두고 그는 기자들에게 재보궐 선거 출마 여부에 대한 질문을 받자 "뒷동산의 밤송이는 벌이 쏘지 않아도 세월이 가면 스스로 벌어진다. 너무 그렇게 쏘려고 하지 말아 달라"는 비유로 답을 대신하고 자리를 떴다. 얼마나 고급스러운 표현인가. '때가 되면 출마 여부를 밝힐 테니 너무 다그치지 말라'는 말을 이렇게 고급스럽게 툭 던지고, 기자들이 더 이상 질문하지 못하게 했다.

2010년이었던가. 박희태 전 의장과 가진 단독 인터뷰는 평생 잊을 수 없는 기억으로 남아 있다. 삼부요인 중 한 사람을 그 당시 꼬꼬마 기자였던 내가 인터뷰하게 됐다는 사실에 겉으로는 아무렇지도 않은 척했지만 속으로는 얼마나 떨렸던지. 그러나 그 떨리는 와중에도 박 전 의장의 비범함이 느껴졌다. 역사와 정치, 철학을 아우르고 시공을 넘나드는 그의 박식함도 놀라웠지만 특유의 포용과 화합의 언어로 자신의 정치철학을 그대로 대변할 수 있다는 사실에 감탄했다. '아, 이런 게 바로 국회의 수장, 한국 정치의 큰 어른만이 보여줄 수 있는, 보여주는 정치의 진수구나' 싶었다.

말이 화근

'말' 하면 떠오르는 또 한 사람의 정치인은 바로 한나라당 안상수 전 대표다. 2010년 연이은 설화를 일으키며 결국 정치 생명을 마감한 인물이 바로 안 전 대표다. 설화 중 백미는 단연 '보온병 발언'이다. 2010년 11월 북한의 연평도 포격 현장을 방문했을 당시 그는 불에 탄 원통모양의 물체를 들고 "이게 포탄입니다. 여기에 바로 떨어졌다는 얘기인데, 민가에다 무자비하게…"라고 말했다. 그러나 안 전 대표가 들고 있던 물체는 포탄이 아닌 보온병. 여기에 안 전 대표가 행방불명 등의 사유로 병역을 미필했다는 사실까지 알려지면서 발언의 파문은 확산됐다. 그러다가 한 달여 만에 안 전 대표는 여기자들과의 오찬자리에서 "요즘 룸(살롱)에 가면 오히려 자연산을 찾는다고 하더라"라고 말해 또 문제가 됐다. 인기 걸그룹 얘기를 하면서 성형으로 얼굴이 구분이 잘 안 된다고 시작한 얘기가 선을 넘어버린 것이다.

자연산 파문이 언론을 뒤덮은 다음 날, 한나라당 지도부는 아동복지시설 방문 일정이 잡혀 있었다. 나를 포함한 기자들은 안상수 전 대표에게 잇따른 말실수를 어떻게 해명할 것인지 질문하려고 추운 날씨에도 복지시설 앞을 서성이고 있었다. 그러나 안 전 대표는 오지 않았다. 대변인과 비서실장 왈, 독감이 심하게 걸려서 못 오셨다고. 그들이라고 기자들이 당연히 믿지 않을 그런 변명을 하고 싶었을까. 대변인과 비서실장은 연신 멋쩍은 미소만 허허허 날렸다.

하지만 안상수 전 대표가 각종 발언 파문으로 전부를 잃기만 한 것은 아니다. 인지도가 엄청나게 상승했기 때문이다. 부음 외에는 언론에 자주 오르내리는 것이 좋다는 정치인의 입장에서 보면 잇단 실책은 안상수라는 이름 석 자를 각인시키는 호재일 수도 있었다. '보온병 발언' 이후 국회를 방문한 초등학생들이 안상수 전 대표를 보고는 "어, 보온병 아저씨다"라며 따라다녀 안 전 대표가 충격을 받았다는 풍문이 떠돌 정도였으니. 안 전 대표의 인지도가 얼마나 상승했는지 알 만하다.

언론도 문제이긴 하다. 사실 안상수 전 한나라당 대표의 보온병 발언에는 그림(시각적 요소, 사진이나 영상으로 쓸 만한 자료를 통칭하는 언론계 용어)을 만들고자 하는 언론의 부추김도 영향을 주었던 것이다. 사건의 전말을 들여다보면 이렇다. 연평도 피해 현장을 안내하던 사람이 보온병을 북한군의 포탄이라고 설명했고, 옆에 있던 카메라 기자가 안 전 대표에게 그 포탄을 들고 포즈를 취해달라고 요청했다. 카메라를 의식한 안 전 대표가 이를 들고 한 마디 멋지게 한다고 던진 것이 화근이 된 것이다.

욕설과 고함, 공격적인 언어가 나오는 자극적인 상황이 벌어지면 여지없이 카메라를 갖다 대는 우리 언론도 그 관행에 대해 일정 부분 반성을 해야 할지 모른다. 질이 낮은 언사와 행동은 걸러내자는 언론계 내부의 약속이 있으면 좋으련만 이렇게 거친 발언이 나가야 시청자 혹은 독자들의 주목을 받을 수 있다는 현실이 서로를 제어할 수 없게 만들어버리는 것이다.

정치인은 공인

가끔 사석에서 한 이야기가 문제가 돼 논란의 중심에 서는 국회의원들이 있다. 그들은 기자들에게 미리 양해를 구하고 농담조로 한 이야긴데, 기자들이 그걸 언론에 그대로 써버렸다며 억울해한다. 한편으로는 정치인들도 사람인데 식사자리나 술자리에서 이런저런 농담도 할 수 있는 것 아닌가 싶다가도 '공인이 기자들과 만나는 자리가 어떻게 사석이 될 거라 생각했나' 싶어 답답한 마음도 든다.

정치인은 국민들과 직접 소통하는 경우도 있지만 대부분이 언론이란 매개를 통해 말로써 대중과 만난다. 그런 만큼 말에 무게가 실려 있어야 하지 않을까. 최영미 시인은 〈권위란〉이라는 시에서 이렇게 말했다. '당신과 그가 똑같은 옷을 입고 똑같은 목소리로 같은 말을 해도 사람들이 그의 이야기에만 귀를 기울이는 것.' 365일 정치인이 하는 말을 듣고 사는 나도, 정치인이 그 권위에 맞는 언어를 구사하는 모습을 이제는 보고 싶다.

03 기자야? 공무원이야?

국회의원의 의정활동과 국회 소식을 그대로 전달하는 곳이 국회방송이다. 우리나라 주요 공공채널 중 하나다. 국회방송 안에서도 뉴스는 국회, 정당을 중심으로 일어나는 다양한 소식을 다룬다. 타 언론사의 정치부 기사와 같다. 하지만 공공채널이라는 타이틀이 있기 때문에 어떤 사안이든지 공정성을 잃어서는 안 된다는 원칙이 있다. 이 때문에 여야의 소식을 다룰 때는 기사 길이, 인터뷰 수까지 똑같이 맞춰 작성한다. 또 기자의 논조나 정치색은 철저히 배제해야 한다.

처음 '국회방송 보도팀 이소영 기자'라는 명함을 받아들 때는 미국 백악관의 살아 있는 전설 '헬렌 토머스' 같은 기자가 되리라 다

짐했다. 기자가 되면 정치 칼럼니스트들이 쓴 기사처럼 펜이 가는 대로 자유롭게 분석하고 비판할 수 있을 줄 알았다. 하지만 기자는 일개 사원에 불과하고 위에는 보도팀 선배 기자들과 보도팀장, 과장, 국장이 존재한다는 것을 깨닫는 데에는 오랜 시간이 걸리지 않았다. 특히나 정치 분석 같은 기사는 애송이 기자에게는 바라볼 수도 없는 산이었다.

취재하는 공무원

국회방송은 국회사무처 소속의 한 조직이다. 그래서 조직원들도 사무처 직원이다. 공무원인 셈이다. 그중에서도 나는 '취재하는 공무원'이다. 사석에서 타 언론사 기자들이 한결같이 건네는 말이 있다.
"국회방송 기자들은 공무원이라면서요? 정년 보장되고, 여자 직업으로 딱이네. 좋겠다. 부러워요."

마냥 부러워서 하는 말이 아니다. 잘 새겨들어야 한다. 공무원은 영혼이 없다는 우스갯소리가 있다. 무언가를 발굴하고 창의적으로 해내는 일보다 시키는 일, 주어진 일에 충실해야 하는 직업, 정권이 바뀌면 불과 며칠 전까지 자신들이 추진하던 정책과 완전히 거꾸로 된 일을 아무 일도 없다는 듯이 성실히 수행해야 하는 직업이 공무원이라는 뜻이다. 공무원의 업무가 이렇게 평가 절하되는 데 대해 한편으로는 화가 나지만 한편으로는 씁쓸하다. 그런 공무원의 직업적 특성에 빗대서 국회방송 기자를 조롱하는 것 같아 속이 부글부글했던 적도 한두 번이 아니다. 마치 '국회방송에서 관점이 있는 뉴스를 써낼 수 있느냐' '보도자료에 의존해 적당한 편집 기술로 듣기 좋은 기사를 써내면 되는 것 아니냐'는 비꼼으로 들렸다.

그런가 하면 국회방송을 사내방송으로 오해하는 사람들도 적지 않다. 국회 안팎의 정치권 소식을 다루는 채널이지, 국회의원의 경조사나 국회사무처 일정을 소개하는 게시판 같은 채널이 아닌데도 말이다. 그럴 때마다 나는 어깨를 펴고 'The National Assembly Television'이라고 외친다.

기자와 공무원 사이의 애매한 입장 탓에 취재하는데도 적잖은 벽을 절감한다. 나의 첫 정당 출입처는 민주당이었다. 당시 노무현 정권에서 갓 이명박 정권으로 넘어갔을 때여서 여당이었다가 야당이 된 민주당은 분위기가 뒤숭숭했다. 매일 아침 열리는 당 회의 시간이 어중간하게 비어 대변인실을 기웃거리며 정수기 물을 받고 있는데 한 당직자가 와서 말을 건넸다. "이제 여야가 뒤바뀌었으니 저쪽 가서 취재 열심히 해야겠네." 순간 할 말을 잃었다. 마치 국회방송을 정부·여당과 싸잡아 패키지로 묶는 느낌이었다. 국회의사당 돔 아래에서 매일 얼굴 비비며 일하는 사람들조차도 국회방송 기자를 기자가 아닌 국회사무처 직원으로 대하는 데 적잖이 상처받았다.

기자와 국회의원의 관계도 재미있다. 앞서 잠깐 얘기했듯이, 기자들은 국회의원을 '선배'라고 부른다. 기원은 정확하지 않지만 과거부터 이어진 정치권과 언론의 긴밀한 협조관계(?)가 호칭으로 나타난 것이라는 이야기도 있고, 워낙에 기자 출신의 국회의원이 많다 보니 사내에서 부르던 호칭을 그대로 국회로 가져온 것이라는 이야기도 있다. 또 실용적인 측면에서 유용하기 때문에 그렇다는 이야기도 있다. 정당마다 직함이 다양하고, 당직을 맡지 않았거나 현역이 아닌 전직 의원일 경우 고민할 필요 없이 '선배'라 부를 수 있기 때문이다.

하지만 국회의원은 타 언론사 기자들에게만 선배였다. 입사 초기에는 나도 의원들과 어울려 술 한잔 기울이면 '선배'라고 부를 수 있을 줄만 알았다. 그런데 '형님, 누님'이라는 호칭 뒤에 숨은 그들의 이해관계를 알고 나니, 국회방송이라는 매체의 특성상 국회의원이 먼저 전화해 기자에게 아쉬운 소리를 할 일도, 내가 선배라고 부르며 다가갈 일도 없을 듯했다.

국회 출입기자들은 구미를 만들어 국회의원들과 비공식 식사 모임을 갖는다. 일본말로 모임을 뜻하는 '구미組'는 잘 알려져 있지는 않지만 출입기자들이 상당히 오랜 기간 운영해온 것으로 나름의 체계를 갖추고 이를 효율적으로 활용하고 있다. 정치인의 입장에서는 여러 매체의 기자를 한꺼번에 만날 수 있고, 기자들도 다수일 때 정치인을 불러서 이야기를 듣기가 쉽다. 또 결과보다 흐름이 더 중요한 정치부 취재의 특성상 여러 기자들이 서로의 정보를 공유해야 정확한 판단이 가능하기도 하다. 여하튼 일부 영향력 있는 정치인들은 어떤 기자들의 모임이냐를 따져 구미에 맞는 '구미'에 참석한다고 하니 '구미'의 영향력도 상당한 듯하다.

한 구미의 일원이 되어 식사 모임에 몇 번 나간 적이 있다. 타 언론사 선배의 인정이 있었기에 가능한 일이었다. 그러나 합류했다는 기쁨도 잠시. 이미 알음알음으로 탄탄히 짜여 있던 그 모임 구성원들은 새로운 멤버인 나를 달가워하지 않았다. 뿐만 아니라, 그 자리에서 얻은 정보는 국회방송에서는 기사화할 수 없는 내용이 많았다. 옆자리 여기자는 의원에게 "선배"라고 하는데, 나는 깍듯하게 "의원님" 하면서 질문하는 상황에서 오는 괴리감도 구미에서 점점 멀어지게 했다.

이렇게 호칭이나 기자 모임만 봐도 정치권에서 인간관계가 얼마나 중요한지 알 수 있다. 그런데 그 호칭과 모임에서 국회방송 기자는 철저히 외롭다. 어느 출입처보다 사람이 먼저인 국회에서, 사건이나 일보다 정치인들의 말을 중심으로 사안이 보도되는 국회에서 그래도 이만큼 버텨온 나 자신이 대견하기도 하다. 이 같은 결핍이 주는 장점도 있다. 끊임없이 나를 긴장하게 만든다. 그리고 끊임없이 노력하게 만든다. 같은 출입처라고 터놓고 정보를 공유할 기자들이 있는 것도 아니기에 오로지 내 손으로 취재하고, 내 귀로 들은 말에만 집중하게 된다. 이래도 국회방송 기자를 영혼 없는 공무원이라고 칭할 수 있을까?

04 나는 의정전문기자입니다

2004년, 17대 국회 개원과 함께 첫 전파를 발사한 국회방송. 국회와 국민의 가교 역할을 자처하며 의정전문채널로 자리매김한 지 10년째다. 그렇다면 그곳에서 의정뉴스를 담당하는 보도팀은? 국회방송 기자는 의정전문기자이다. 방송사별로 의학전문기자, 기상전문기자가 있듯이 국회방송 보도팀은 명실상부한 의정전문기자이다.

다른 언론사들은 기자별로 소속이 따로 있다. 사회부, 정치외교부, 경제부, 문화부 등으로 순환근무를 한다. 그래서 기자 경력이 쌓일수록 주요 부서를 두루 거치고 다양한 분야의 견문을 넓혀간다. 그런데 이 순환근무의 단점이 바로 적응할 만하면 다른 출입처로 이동된다는 점이다. 이 때문에 한 분야에서 꾸준히 전문성을 쌓기는 어려워진다.

특히 정치는 더욱 그렇다. 규칙도 법칙도 존재하지 않는 정치판에서는 그 어떤 이론도 '…카더라'라는 설에 지나지 않는다. 이 때문에 국회방송에 입사한 이후 수년째 같은 곳을 출입해왔지만 단언컨대 한 시도 지루할 틈이 없었다. 당시 시국에 따라 매일 다른 이슈들이 쏟아져 나오기 때문이다.

2012년 대통령 선거를 앞두고 여권은 일찌감치 박근혜 의원을 후보로 내세우고 있었다. 그런데 문제는 대항마로 야권에서 누가 나서게 되느냐였다. 결국 민주당은 고 노무현 전 대통령 후광을 노리고 문재인 의원을 후보로 밀었다. 손학규 상임고문, 김두관 전 경남도지사 등 기존의 정치인을 제치고 민주당이 새로운 인물을 발탁한 것은 의외의 선택이었다. 상황이 이렇게 되자 새누리당도 당황한 기색이 역력했다. 예상치 못한 시나리오였던 것이다.

이 와중에 안철수라는 새로운 변수도 등장했다. 앞서 2011년 이미 서울시장 선거에서 안철수 돌풍을 경험한 터라 새누리당은 곤혹스러웠다. 상대당 후보의 윤곽이 드러나기 전까지 박근혜 후보의 지지도는 상당했다. 하지만 야당에서 대항마를 등장시키자 지지율이 무너지기 시작했고, 대통령 선거가 치러지는 12월이 되어서는 급기야 박빙의 승부까지 예측됐다. 이렇게 정치판은 그야말로 한 치 앞을 내다볼 수 없이 다이내믹하다.

매일매일이 새로운 국회에서 그동안 나름대로 터득한 것이 있다. 오직 믿을 것은 내 경험뿐이라는 진리. 그동안 반복된 사건도 없었고 정치가 일정한 패턴으로 흘러왔던 것도 아니다. 하지만 정치의 생리를 이해하고 나니 대강의 흐름 정도는 예측할 수 있는 내공이 생겼다. 3선, 4선 이상의 다선 의원들이 존경받는 이유도 바로 여기에 있다. 최소 10년 이상 의원직에 있으면서 결코 무시할 수 없는 경륜을 지녔기 때문이다. 국회방송 기자를 스스로 의정전문기자라고 칭하기에는 아직 부족할지도 모르겠다. 개국 역사가 10여 년에 불과한데다 나의 정치부 기자 경력 또한 10년에 미치지 못하므로. 분명한 것은 나에게 국회는 다른 언론사 기자들처럼 스쳐 지나갈 출입처가 아닌 앞으로 계속 머물러야 할 출입처라는 점이다.

국회방송만의 재미란 무엇일까?

앞서 말했듯이 국회방송의 설립 취지는 국회 의정활동을 중계 방송함으로써 국회와 국민의 가교역할을 하는 데 있다. 시청률은 0.067퍼센트가량. 지극히 낮은 수치다. 이처럼 시청률이 지극히 낮은 것은 재미가 없기 때문이라는 국회의원들과 전문가들의 지적과 비판에 우리는 끊임없이 시달리고 있다. 그들은 또 재미있는 방송을 만들지 못하면 존재할 이유가 없다고 말한다. 국회방송을 재밌게 만들려고 한다면 그 재미의 내용과 기준은 무엇이 되어야 할까? 우선 국회 의정활동이 재미있어야 할 것이다. 세상에서 가장 재밌는 것이 싸움구경과 불구경이라 했으니, 그럼 국회의원들이 의사당에서 최루탄 터뜨리고, 치고받고 멱살잡이하는 날치기 소동을 매일 벌여야 할 것인가. 아니면 윤진숙 해양수산부 장관의 청문회처럼 저잣거리의 화제가 된 청문회가 날마다 열려야 할까.

국회방송은 편집과 해설, 상업광고가 없는 '3무無 방송'을 원칙으로 한다. 이런 가운데 편집과 해설이 개입된 프로그램 중 하나가 〈의정뉴스〉이다. 평일 하루 네 차례씩 그날그날의 주요 입법활동과 의정뉴스를 전달하고 있다. 이마저도 최대한 담백하게 사실을 전달하는 데 초점을 맞추고 방송 내용에 대한 판단은 가급적 시청자의 몫으로 돌리고 있다.

국회방송은 1979년 출범한 미국의 의회전문 중계방송인 C-SPAN의 운영방식을 본떴다. C-SPAN은 3개 TV와 1개 라디오 채널을 통해 백악관·국무부·국방부의 브리핑, 상하원의 주요 회의, 기자회견과 싱크탱크의 세미나를 하루 종일 내보낸다. 이 방송은 시청률에 매달리지 않는다. 재미를 위해 존재하지 않기 때문이다. 설립자인 브라이언 램은 "특정 시점에 의회 등이 하고 있는 것을 그대로 보여줄 뿐. 어떤 날은 지겹고, 어떤 날은 흥분되기도 할 것이다. 그러나 그런 것에 신경 쓰지 않는다"고 말한다.

꼭 C-SPAN의 예가 아니더라도 국회방송 같은 공공채널에 재미를 요구하는 것 자체가 무리일지 모르겠다. 문제는 재미를 판단하는 기준이다. 미국의 의원들은 우리나라 의원들처럼 멱살잡이를 하거나 고함을 지르며 싸우지 않는다. 우리 식의 볼거리를 제공하지 않는다. 그런데도 미국 성인의 24퍼센트가 일주일에 한 번 이상 C-SPAN을 시청하는 것으로 조사됐다. 우리나라의 국회방송 시청률과는 엄청난 차이다.

미국 사람들이 재미를 위해 C-SPAN 채널을 찾지는 않을 것이다. 연예오락 프로그램만큼 웃음을 주지는 않더라고 반드시 알아야 할 정보와 지식이 있기 때문에 꾸준히 시청하게 되는 것이다. 있는 그대로를 중계 방송한다는 취지에 걸맞게 C-SPAN은 대부분의 편성을 의회 중계에 할애한다. 뉴스 프로그램이 있긴 하지만 별도로 기자를 채용하지는 않는다.

민주주의의 어머니라고 불리는 영국의 경우 국영방송인 BBC 채널을 통해 의회 방송을 내보낸다. 의회가 스스로 TV채널을 운영한다면 독자적일 수밖에 없기 때문에 BBC를 포함한 28개 채널을 통해 의회 소식을 송출하고 있다. 영국 또한 모든 회의와 기자회견, 토론회를 생중계하는 데 초점을 맞추고 있기 때문에 의회가 제작하는 뉴스는 없다. 이렇게 보면 국회가 방송국을 운영하면서 보도팀을 둔 국가는 우리나라가 거의 유일하다. 나는 세계 유일의 의정전문채널 기자인 셈이다.

재미를 넘은 지식과 정보를 위하여

국회방송에 입사한 이후 가장 흔들렸던 순간은 기자로서의 정체성에 혼란을 겪을 때였다. 적어도 내가 생각한 기자란 사건을 진단, 분석하고 나름의 해법을 제시해 사회를 바꾸는 어마어마한 역할을 하는 사람인데 국회방송에서는 분석과 해법 제시 자체가 불가능했다. '보수든 진보든 관점이 분명한 다른 언론사로 자리를 옮겨야 하나' 고민하면서 매스컴 분야 취업포털사이트 채용란을 기웃거린 적이 한두 번이 아니다. 그런데 지금은 취재 담당자인 리포터reporter, 취재와 더불어 편집과 논평 모두를 담당하는 저널리스트journalist의 역할 차이를 인식하고 난 뒤 마음이 한결 가벼워졌다. 나는 그동안 취재를 해야 할 사람인데 저널리스트 흉내를 내려고 했던 것이다.

국회방송은 리포터로서의 역량이 요구되는 곳이다. 균형과 공정을 머리에 새기고 기사를 풀어내는 데에는 상당한 노력이 필요하다. 사실 전달에 집중하되 너무 무미건조해선 안 되고 무리하게 관점이나 논조를 내비쳐서도 안 된다. 그렇다면 영혼을 빼고 보도자료처럼 담백하게만 기사를 쓰면 되지 않을까? 어려운 일이다. 기자임과 동시에 나 또한 한 사람의 시청자로서 '화끈하고 섹시한' 제하의 기사들에 더 눈이 가고 그런 보도 행태에 어느 정도 익숙해져 있다. 그러다 보니 내가 쓴 기사가 뉴스답지 않다고 여겨지기도 했다. 자극적인 기사는 그날의 재밋거리에 불과하다. 그런데 의정활동을 있는 그대로 축약해 옮겨놓은 기사는 재미를 넘어 지식과 정보가 된다. 이렇게 의정전문기자의 위치에서 고민해보면 답은 의외로 쉽다.

국회방송은 서강대학교와 방송 실무실습 교육지원 MOU를 체결하고 2010년부터 학생 인턴을 받고 있다. 말 그대로 인턴은 기자들과 취재 현장을 함께하며 실무를 배우고 일일 기자 체험을 한다. 인턴 기간 마지막 주에는 학생이 직접 취재한 기사를 학생 이름으로 보도하게 한다. 매년 학생 인턴들을 보면서 나도 배우는 점이 많다. 기자라는 꿈을 향해 열정 하나로 달려든 그들의 초롱초롱한 눈망울을 보면서 타성에 젖어 월급타령이나 하고 앉아 있는 자신이 부끄러워졌다. 나도 국회방송 입사 준비를 할 때는 월급 한두 푼은 중요하지 않으니 큰물에 가서 경험 쌓고 큰 사람이 되리라는 각오로 가득했다.

기자를 지망하는 후배가 있다면 먼저 "왜?"라고 묻고 싶다. 기자는 다른 기업에 비해 연봉이 뛰어난 직업도, 삶이 여유로운 직업도 아니다. 단지 사회 현상을 진단하고 다수가 궁금해하는 것에 대해 답을 준다는 일종의 사명감이 큰 직업이다. 기자의 또 다른 이름은 '역사가'이다. 기자의 취재 기록은 훗날 역사로 평가되고 후대가 당시의 사건을 어떤 관점으로 바라보는지가 기자의 기사로 결정되기 때문이다. 기자가 펜을 들 때 보다 신중하고 정확해야 하는 이유다.

모임에서 직장 스트레스나 애로사항을 투덜거리면 친구들은 "그래도 너는 네가 하고 싶은 일을 하잖아!"라며 핀잔을 준다. 그렇다.

나는 적어도 직업 선택에 있어서는 꿈을 이룬 드림 워커Dream Worker다. 국회방송이 대한민국의 주요 언론사는 아닐지라도 대한민국 유일의 의정전문채널임은 분명하다. 그리고 나는 그곳에서 공정보도를 담당하고 있는 기자이다. 오늘도 나는 재킷 매무새를 가다듬은 뒤 한 손에 취재수첩을, 다른 한 손에 노트북을 들고 국회를 누빈다.

정치政治가 정치正治 되는 길을 꿈꾸며

"자신의 부고 빼고는 언론에 오르내리는 게 좋다." "악플보다 서글픈 것이 무플."

정치인과 연예인의 공통점이다. 인기를 무시할 수 없고, 보이는 모습이 더 중요한 직업이라는 점이 특징이다. 하지만 하는 일은 엄연히 다르다. 그런데 사람들은 정치인을 연예인으로 생각하는 듯하다. 투표는 국민의 대표 자격을 갖췄느냐보다 누가 더 대중에게 사랑받는가를 가리는 인기투표에 지나지 않는다. 그동안 우리가 정치인을 왜곡된 시선과 편견으로 대해왔기 때문이 아닐까. 이 책은 바로 이런 물음에서 시작됐다.

초등학교 시절 '정치政治'라는 한자를 처음 접하고 이런 의문을 품은 적이 있다. "왜 바를 정正에 다스릴 치治를 써서 '바르게 다스리는 것'을 '정치正治'라 하지 않았을까." 그런데 커가면서 세상 돌아가는 이치를 조금씩 알아갈수록 '정치正治'는 요원한 것임을 깨달았다. 바르게 다스리는 일 자체가 어쩌면 애당초 불가능한 일일 수도 있겠다. 바르다는 것의 기준이 모호하고 어느 한쪽의 이익을 생각하면 반드시 손해 보는 계층이 생기기 마련이기 때문이다. 그래서 정치政治를 '나라를 다스리는 일'로 정의했나 보다.

국회방송에 입사하기 전까지 나는 정치 문외한이었다. 내가 아는 것이라곤 기껏해야 여와 야의 관계, 의결정족수와 부결 정도였다. 그마저도 수능시험 준비를 위해 정치 교과서를 들춰보면서 외운 몇 가지가 전부였다. TV에서 정치 관련 뉴스가 나오면 행여 얼굴 찌푸리게 될까 봐 서둘러 리모컨을 찾으면서도 나중에 인터넷을 통해서라도 은근슬쩍 그 속사정을 둘러보면서 '그래도 뉴스 내용을 이해하지 못하는 수준이어서는 안 되지' 하는 생각에 의무적으로 정치면 기사를 봐왔다.

그리고 대학에 들어가서는 많이 배우고 똑똑한 정치인이라는 양반들이 어쩌면 그렇게 우스운 짓거리들만 골라서 할까 하는 의문을 품었다. 면면을 들여다보면 국회의원은 남부럽지 않은 가방끈을 자랑하며 사회지도층에 속하는 상위 1퍼센트 부류의 사람들이다. 당선되기 전까지는 덕망 높고 후배들에게 존경받는 선배였던 사람들이 국회에 입성하자마자 변질되는 것이 신기했다. 아이들보다 더 유치하게 대결하는데 피식 웃음이 나기도 하고 안타깝기도 했다.

비단 나만 이런 생각을 갖고 있는 것은 아닐 것이다. 남의 일처럼 모른 척할 수는 없기에 한쪽 귀는 닫고 한쪽 귀만 열어 어설픈 귀동냥을 계속 하는 사람들이 대부분일 것이다.

이 책이 젊은이들이 적극적으로 정치에 참여하는 계기가 된다거나 사회를 변화시키는 데 일조했으면 좋겠다는 거대한 꿈을 꾸지는 않는다. 다만 나와 같은 정치 무관심 세대가 조금만 더 똘똘해지기를 바랄 뿐이다. 실제로 들여다본 국회의 모습, 실제로 만나본 국회의원들의 모습은 알려진 것과 많이 달랐다. 뉴스는 흥미로운 사건을 우선 보도한다. '예산안이 여야 합의로 법정처리시한 안에 통과됐다'는 뉴스는 헤드라인이 아니라 열 번째 꼭지로 밀려난다. 하지만 '예산안이 여야의 몸싸움 끝에 여당 단독처리로 통과됐다'면 이야기가 달라진다. 제 아무리 어디서 불이 나고, 살인사건이 일어났다 할지라도 국회 뉴스가 제일 꼭대기에 배치된다. 이처럼 국회가 제 할 일을 제대로 한 것은 당연한 일로 치부돼 뉴스의 우선순위에서 밀리고 저평가되는 부분이 늘 아쉬웠다.

그래서 정치가 왜 우리 생활과 밀접한지, 정치를 왜 알아야 하는지를 말하고 싶었다. 어떤 정치색도 입히지 않은 맑은 창으로 현실정치를 담백하게 이야기하고 싶었다. 사실 우리는 알게 모르게 정치를 하며 살고 있다. 어렸을 때 학급반장을 뽑으면서 이미 투표를 경험했고, 학급회의를 통해 소풍 장소를 결정했다. 물론 계곡에 가자, 산에 가자 의견은 분분했지만 반장의 조율로 장소가 결정됐다. 이 모든 과정이 상정, 토론, 의결이다.

먹고사는 문제로 들어오면 정치는 더 치열해진다. 아르바이트를 하는 청소년의 임금은 그해에 적용되는 최저임금 이상이 되어야 한다. 최저임금은 매년 사용자 측과 노동자 측, 정부 측 관계자들이 모인 최저임금위원회에서 심의를 통해 정해지는데 최근에는 '알바연대'를 중심으로 청소년 아르바이트 시급을 1만 원대로 올리기 위한 운동이 한창이다.

이래도 정치가 남의 일일까? 정치는 내 생활일 뿐 아니라 내 권리다. 정치인에게 권력을 부여하는 힘도, 권력을 내려놓게 하는 힘도 우리 스스로에게 있다. 이제 그 힘을 제대로 써보자.

참고문헌

기사

'선거와 경마', 〈매일경제〉, 2012년 3월 22일 자

'경마장 가는 길, 투표장 가는 길', 〈한겨레〉, 2012년 4월 10일 자

'예능 출연으로 "면죄부" 받은 정치인', 〈PD 저널〉, 2013년 5월 28일 자

'의사에서 "새정치 아이콘"으로… 안철수는 누구', 〈연합뉴스〉, 2012년 9월 19일 자

김창남, '여론이 민심이고, 시대정신이다', 〈이투데이〉, 2013년 2월 25일 자

잡지

'1948년 5월 31일 제헌국회 첫발을 내딛다', 〈국회보〉, 2013년 5월 호

'6.25 전쟁과 신익희 국회의장의 전시 어록', 〈국회보〉, 2013년 6월 호

'정치의 여의도 시대 막을 올리다', 〈국회보〉, 2011년 9월 호

'의회정치 60년, 선량들이 낳은 진기록', 〈신동아〉, 2008년 8월 호

'패션 칼럼, 한국 여성 정치인은 왜 하이힐을 신지 않을까', 〈신동아〉, 2012년 3월 호

단행본

밥 돌, 《대통령의 위트Great Presidential Wit》, 아테네, 2013년 4월 30일

선우종원, 《나의 조국 대한민국》, BGI, 2010년 6월 25일

찾아보기

나를 위한
최소한의
정치상식

2014년 1월 23일 초판 1쇄 발행
2014년 6월 10일 초판 2쇄 발행

지은이 | 양윤선, 이소영
발행인 | 전재국

발행처 | (주)시공사
출판등록 | 1989년 5월 10일(제3-248호)

주소 | 서울 서초구 사임당로 82(우편번호 137-879)
전화 | 편집(02)2046-2850·영업(02)2046-2800
팩스 | 편집(02)585-1755·영업(02)585-0835
홈페이지 | www.sigongsa.com

ISBN 978-89-527-7085-1 03300